家庭舞蹈1

从家庭系统看
个人行为

李维榕————

著

华东师范大学出版社

·上海·

总　序

本来并没有打算写书，不知不觉却写了二十年的文章，加起来重重一大叠，不单代表我的工作，也反映了我的人生。

忙着与别人的家庭共舞，原来别人的悲欢离合，也是我的悲欢离合；我与别人，原来难分彼此，同属一个七情六欲生老病死的系统，都在迷茫中找寻自己的归属感。

这二十年来，我也从初期游戏人间的心态，变得心情沉重；又从悲天悯人，回复满怀喜悦。

没有解决不了的问题，只有烦恼人，不断自寻烦恼。

我却是学得越来越任性，高兴时笑，悲伤时哭，生气时骂人。活得痛快，才有闲情细嚼人际关系的丰富，不会错过身边人。

借道浮生，恕我无心细听你的满腔惆怅，只想邀你一同赏玩路上好风光！

序：李维榕有问题！

洞悉力强、敏锐、实际，能冷眼旁观又能投入，才是作为出色的心理治疗学家的先决条件。

同情心绝对不是。过多的同情反而不能令有问题的人独立，只会令人永远倚赖心理医生。心理医生是帮助人独立，而非倚赖。

维榕就是这样的一个人，我憎恨她，因为她每每能知道我做事的动机，从小学二年级便如是，我们是同学，避也避不了。

我爱她，为什么？因为我爱她。哪怕她再揭发我小时的阴谋，再不理会我认为是问题的问题，在心里先骂完她之后，我都爱她。没办法，我爱天生便聪明、不是为聪明而聪明的人。

两个几岁大便天天玩在一块的小女孩，一同探险、一同做我们的童话、一同在友侪间历尽千帆，浪淘尽万象众生，沙滩上余下来的，始终仍是这两个小女孩，同挽着个小沙桶子，瞪大眼睛看人间变幻。

没有人天生就是强者的，维榕小时，是个极易受伤的孩子，这令她了解受伤是怎么一回事。

复杂的大家庭，令小小的她已面对过很多问题，她了解问题是怎么一回事，更体验到：问题不一定必须有现成的解决方法，人才可以面对世界，快乐地生存下去的。

岁月将她的聪明提炼成睿智，使她准备得更好，成为新一辈出色的心理治疗学家。

要不是这种材料，美国家庭治疗大师 Minuchin 也不会予以青睐，视她为入室弟子，还准备跟她合作著书。

一向在美、加工作的她，三年前应香港大学之邀首度回故乡做客座工作，她也料不到需要她的人愈来愈多，终于变成每年来港的时间愈来愈长。

不晓得是我多口还是她多口，总之就催生了这本面目崭新的《家庭舞蹈》，让读者接触到家庭问题的一个又一个真实个案，从而启发有家庭困扰的人自己找出真正问题到底是什么。维榕告诉你，真正有问题的人极可能并非表面上行为不正常的那一个。

从她活泼生动的笔触之中，你能够比以前更看清楚自己和周遭的人，进而洞悉到问题关键之所在。这个关键，是其他老生常谈的心理书籍所不能给你的。

维榕如今所给你的，是她一生有形无形的际遇、学习、思维和丰富的临床经验综合起来的新关键。

当然，她正在嚷着："要死啦，出版的死线到了，有没有序才好啊！"

看，没人是没有问题的，但这个何尝是问题的问题，有序没序这都是本极有用极好看的书。

是吗，维榕？

你的老友燕妮

写于一九九四年十二月二十日晚上十时你大嚷大叫之际

目 录

鬼 上 身 的 家 庭

我在港大示范讲授家庭治疗，第一个来就诊的，是个一家四口的家庭，父母及一子一女。十五岁的女儿，说是"鬼上身"，发作时，一时双手握颈，一时自称是黄大仙上身，开口骂人，如此闹了七个月，连课也上不了。

家庭治疗是心理治疗中的一派，其重点是将一切心理毛病，都看作人际关系上的问题。既然病由关系生，治疗时也就经常邀请家人及密友参与。很多时候，光观看家庭成员间谈话的方式及互相行动的影响，也可以明白问题的因由及形式。

我看这个鬼上身的家庭，父母都是天下大好人，凡事讲理。但是讲道理的家庭有时是最闷人的家庭：母亲控制力强，一方面埋怨丈夫不管教女儿，一方面又阻止丈夫管教，父亲看来十分无奈；十三岁的儿子紧随母亲身旁，性情却一如其父，毫无火气，半点都不像成长中的少年。

奇怪的是十五岁的女儿，长得亭亭玉立，甚有主见，全无形容中被百鬼缠身的模样。

骤眼看这个家庭，与一般家庭无异。他们刚从医院把女儿带出来，但看他们谈话，却一点也没有身历大事的气氛。

我与他们谈话一小时后，只觉倦不可言，再过一会，就产生一种发疯的感觉，真想自己也能鬼上身一番，做些不可理喻的事。

家庭这个组织，实在不可思议，一方面是爱与养育的基地，一方面又是毛病的制造所。

最妙的是每个成员所扮演的角色，其实是互相造成，而不是各自独立的。有如此"讲理"的父母，才有"鬼上身"的女儿。如此推理，令我奇怪的倒是十三岁的儿子，不知他究竟在担任哪一角色。

我见了这个家庭一次后，心中觉得很不畅快，像被人捆绑般难受。恰巧朋友带我去看裴艳玲演钟馗。河北梆子戏表达自由，剧中人骂得开心，死得痛快，生气时双足顿地，快乐时放声狂歌。看剧后我感到十分舒畅，也高兴得手舞足蹈。

因此第二天我又见这个家庭时，顿然生悟。家庭治疗者最易犯的毛病，就是谈得太多，做得太少。这一次，我立心少谈多做，与这家庭合演一幕"捉鬼"的活剧。

我认为要捉的鬼，倒不是上女儿身的"黄大仙"，而是父亲的"好人鬼"，母亲的"控制鬼"，儿子的"无所谓鬼"，因为这几种鬼加起来，常会造成家庭的束缚，令人无法喘气。

既然女儿说发病时不知发生何事，我就要求其他家人演给她看当时她病发的过程：母亲变了女儿，黄大仙、观音兵地乱扯一番，又打又闹，奇怪的是箭头老是指向母亲。

父亲做了母亲，儿子做了父亲，两人对着由母亲扮演的鬼上身女儿，除了祈祷耶稣赶鬼外，却是毫无办法。

如此闹了一回，奇怪的是平时很多不明所以的问题，都在这真真假假的一幕家庭剧中显现无遗。

真的女儿站在一旁观看，十分不舒服，脸上一派被人拆穿的感觉。

我问母亲扮鬼上身的感觉如何，她说："很开心。"第一次见她有如此开心的笑容。

人在不用控制自己时，实在有极大的自由；可惜的是，大部分人都失去了舞台上所追求的那种手之舞之，足之蹈之的表达，非要借助满天神佛，才能舒一口气。

家庭治疗的道理，就是在成员互相影响的一连串连锁及反弹行动中，找出其阻滞之处，像针灸一样，把家庭的经脉打通。通了脉的家庭，就有能力面对需要处理的问题。

这两位父母一旦发现他们要处理的其实不是鬼上身的问题，而是"家中有女初长成"令人头痛的问题，再加上一个紧随尾后的准少年，自然就知道需要改变本来的步法，重新共舞一幕有活力有生气的家庭舞蹈。

不 听 话 的 女 儿

有这样的一家人：一个常患胃出血而入住医院的妈妈，一个满肚子不满的爸爸，一个七岁的顽皮小女孩。

三人在一起，自然就产生一串连锁行动，好像一幕特别编成的舞蹈：妈妈不停地向爸爸诉说女儿的不是，爸爸愈听愈垂下头来；小女孩在东跳西跳，显然是很留心父母的一举一动；一言不发的父亲，听妻子埋怨久了，就大声回答一下，妻子等丈夫声音一停，又继续她不停的抱怨。

数落的对象是女儿，骂的其实是丈夫。不知何解，这位年轻的妻子成了幼稚园老师，丈夫和孩子都成了不及格的小朋友。

我为这个家庭做治疗工作，十分困难，因为夫妇二人都各持己见，各守本位，双方都认为对方要改变而自己却不肯改变。不能互相面对的父母，总是把箭头指向儿女。

母亲说："你看平平的功课愈来愈不像样，以前有九十分以上，现在只得八十分，叫她又不应，教她也不听，这样下去怎么办！你看，你看，平平，你坐也坐得不正当……"

七岁不是个坐得正当的年龄。其实真正坐得"不正当"的是那垂头丧气的爸爸。

我问母亲："你认为你现在是骂女儿，还是骂丈夫？"

母亲说："当然是骂女儿！她本来功课很好，明明可以做到九十分以上，而现在……"

我又问："如果你骂的是女儿，为何你丈夫的头愈垂愈低，像个做错了事的小朋友？"

母亲十分不忿，说："我分明在教女儿，怎会是骂丈夫？"

我答："你认为不是骂他，但他是否认为你是骂他？"

妻子说："我当然不是骂他，但他老是以为我在骂他。我无论怎样解释他都不明白……"

解释自己，有时是人与人之间的一个大阻滞。奇怪的是，夫妻相处也好，父母教子也好，很多人都有一种想不断解释自己的倾向。这些人不明白人际关系，在乎彼此行动上的互相影响，而不是基于个人内心的世界。

忙于解释自己的夫妇，结果是没有对话，没有交流。不能交流的夫妇，常常不自觉地就把儿女当作"箭靶"。七岁的小女儿说："爸爸妈妈在家总是吵架，一个星期总有好几次。妈妈常常都哭了，爸爸却不作声……妈妈不开心时就写日记，然后让我去抄写……"

女儿一边说一边跳动，妈妈看见自己控制不了女儿，十分激动，急忙要反驳女儿，女儿不服气，听一句还一句。母女变成相争的姊妹，争的其实是丈夫的注意与关怀，然而男的虽然不作声，他的立场却分明是与女儿同一阵线。妻子虽然极力否认自己的孤立，她的身体却实在受不了精神的压力，所以经常因胃出血住院。

未见这幕家庭舞蹈之前，每人都以为问题在于女儿的难管教。见过这一家人的关系,我感到女儿其实是"羔羊",无形中为不肯面对婚姻有困难的父母代罪。

我问这对夫妇:"你想你们这样下去可以维持多久?"

妻子说:"有什么办法?每次吵架他就说要离婚。"

丈夫说:"我说什么都没有用,只有她说才是对的。"

我说:"这样看来,你们虽然身在家中,其实你们已经离了婚。"

夫妻二人同时面色一动,小女儿在旁自己玩耍,却明显地听着我们的交谈,一听到父母有矛盾,立刻就发出怪声,转移父母的注意力。宁愿自己挨骂,却不愿父母争吵。

很多父母都不知道,子女所做的很多"坏行为",其实是基于一种本能的孝道,其作用是保护父母度过危机重重的关系。

例如担心父母会分离的孩子,常会逃学,甚至偷东西,往往做出很多不良行为,把父母气得团团转,下意识却是希望父母忙着处理自己的事,就不会有空吵闹。

从家庭的角度看个人行为:一个坏孩子,可能是个最忠于家庭的孩子。

"冇符"的男人

英英九岁,玲玲七岁,这对小姐妹十分可爱,尤其英英,眼睛生得明澈秀丽,但是两人都戴着极厚玻璃的眼镜。

小姐妹的妈妈有一个没有事实根据的恐惧:两个女儿会变盲。

妈妈不断向爸爸诉说她的恐惧,爸爸不断带女儿找医生验眼,每次检验结果都证实女儿眼睛无事,但是母亲的恐惧并没有因此消失。

我初见这个一家四口的家庭时,只觉得毫无头绪。夫妇二人不停说话,却是答非所问。妻子老是诉说她与自己父母兄弟间的矛盾,源源不绝,不打断她的话语,根本无法插口。丈夫也是不断地说话,说来说去,总是觉得"冇符"①。最妙的是,两人虽然说了很多话,却是完全的独白,彼此毫无回应。各说各话,根本也不用别人回应。

两个女儿听着听着,英英不知何故就哭了起来,她哭时用双手拼命揉眼,不用多时,眼睛就红肿如核桃,看来真有盲掉的可能。妹妹看姐姐如此,立刻就照样跟着。

我看这个家庭,夫妻那种避免与人接触的独白方式,同两个女儿那

----

① 粤语,没有符法的意思,即没有办法。

种需要与人接触的表现，恰好形成对照。

两个无法交谈的父母，却养了两个愿作桥梁的女儿。

英英及玲玲看着我跟她们父母那种格格不入的谈话，显得十分焦急。尤其英英，不停地代替父母答话。她说，她的一家人来见我，主要是因为妈妈担心她的眼睛。她说，她的眼睛没有事了，爸爸妈妈就不会再为她而吵架。

我问两个孩子："你们一定知道，所有孩子都有秘密的愿望，你的三个愿望是什么？"

英英低声向我的耳朵密语："第一，是爸爸妈妈不再因为我的眼睛吵架；第二，是我有自己的房间。"她没有说出第三个愿望。

原来这对夫妇并不同床，丈夫长期睡在另一房间，两个女儿则与妈妈同睡。

一听到女儿提出要自己的房间，爸爸就说："是你自己说要与妈妈睡的，怎么又改变主意。"妈妈又说："如果你晚上醒来怕黑，千万别求我来陪你。"

在父母重重威胁下，英英却出乎意料地固执起来，一定坚持要有自己的房间。

这个扑朔迷离的家庭，像个迷宫，放出无数的引线，却令我无法窥得端倪。明显地，这对夫妇一定有某种程度的婚姻问题，但是这对女儿究竟在这家庭中担任何种角色？她们究竟见过什么情景？为何母亲如此焦急地要抹煞她们所见的事情？

我第三次见这个家庭时，只有父亲带着两个女儿来，母亲没有出现。他们倒是成功地把英英搬到自己的房间，但是母亲不来，英英显然意兴阑珊，再也不谈她的新房间。我向她提起她先前向我透露的两个秘密愿望,她说:"都记不得了。"

我想,我是推进得太快了,威胁了这个家庭的平衡,英英的冷淡反应是对我的提示。玲玲倒没有怎样,这个孩子的反应比较直接,情绪不像姐姐一般复杂。

如此一想,我决定按兵不动,先与这两个孩子建立关系。我发觉,只要不提起母亲,英英就会放松下来。血浓于水——治疗者是水,无论孩子对你有多信任,都不会因而背叛自己的母亲。

我见这个家庭之前,从报告中得知父亲因神经衰弱及精神紧张,已经见了两年心理医生。两个女儿,也被怀疑患有社交恐惧症,不肯出门上学。尤其英英,不时头痛,具有各种因心理而影响的生理病征。

这一家四口,患心理病者共三人,而最令人不可思议的,却是那不肯出现的母亲。她来了两次后,就不再现身。但是我有一种强烈的感觉:她才是这个家庭的扯线人。其他三人只是傀儡。

到第四次见面,英英与玲玲很高兴地告诉我,她们家附近将有一家快餐店开张,父亲会带她们去参加开张典礼,到时将有气球派送。

我问:"妈妈会去吗?"

英英答:"也许。"

玲玲说:"她不会去。"

这一问一答,终于解开了这个家庭的一个大谜。原来这位母亲足不出户,一天要花二十个小时在床上。

我说:"你的母亲是睡美人,谁人可以把她唤醒?"

英英说:"爸爸可以,爸爸你去吻她,她就会醒来。"她用嘴巴向空中作出接吻声。

爸爸一听,忙说:"不行,不行,中国人是不习惯接吻的。"

玲玲又说："怎么不行，你不是吻我们吗？"

这个六英尺高的男子汉，一听到要他把妻子吻醒，立刻就变成个"冇符人"。他一连串的"冇符"，受不了压力，他终于把责任卸向孩子。

他说："你妈妈不起床，与我无关，是你们令她担心你们的眼睛，是你们烦她。我是冇符。"

做心理治疗有时犹如做侦探。一个又一个的线索串连起来，却不须求真相大白，只须在一连串家庭舞步中抓着几个重点。

这个家庭，真正患病的显然是母亲，因为她不肯求医，只好由丈夫及女儿代她生病。他们的病征其实是"替她求救"。

没有王子来吻醒的睡美人，却有两个忠心女儿为她守候。

那"冇符"的丈夫一日不来唤醒妻子，两个无辜的女儿也一日不会得到释放。

一位每天要在床上花上二十个小时休息的妻子，当然对家庭有很大的影响。她有丈夫及两个女儿，一家人围着她的床边转，各人有各人一定的步法与位置。

两个女儿是母亲的守护者，小的跟着大的，与母亲同睡同食。大的喊头痛不能上学，小的也喊头痛不能上学。一天，她们在街上遇上天雨行雷，从此她们就怕天黑，怕下雨，怕大声，怕上街。睡美人的孩子是绝对不会离开母亲床边太远的。

丈夫呢？丈夫更妙，他终日唉声叹气，做什么工作都不能持久，初与岳父一家合作开厂，结果亲家变成仇家。他与岳父拆档后，也不能自立，终日逗留在家里。听他说，他与妻子的谈话，来来去去都不出一个话题：妻子说两个女儿会变盲，他就十分生气，骂妻子。骂得多了，也会带女儿去重复验眼，一次又一次证实妻子是错的。

与这位先生谈话甚为有趣,他的话源源不绝,全无休止符,但每一分钟,说话内准有数次提到"冇符"二字。

他说:"冇符啦,我自己精神不好,医生说我是神经衰弱,都医了两年了,也是冇符。我老婆也是精神不好,她不肯去见医生,我叫了她很多次,她不听,我实在冇符。做人真是冇符。想做的事总做不到,冇符,冇符……"

原来睡美人的丈夫,是个"冇符"的男人。

对家庭舞蹈有所认识的人就会知道,在一个家庭中,有"冇符"者,就必有搭救之人。

我问大女儿英英:"你爸爸说没有人能令你妈妈出门。我倒不觉得是真的。因为我知道有人曾经令她出门,你知道这人是谁吗?"

英英不解我的话,瞪大眼睛望我。

我又说:"你上次说怕上街不能上学,你妈妈不是每天要陪你上学吗?"

英英大喜,拼命点头。

我继续:"你看,你是有能力把妈妈叫出门的,你的病,就是医治妈妈的药。"

九岁的英英与七岁的玲玲,一知半解地听了我这番话,倒是欣然同意。

我再说:"我知道你们很会保护妈妈,你会为她做很多事,甚至为她生病。"

两姐妹同时回答:"是的!"

可是,那"冇符"的爸爸不知道他的女儿不单保护妈妈,同时也在保护着他。要不是父亲如此"冇符",两个小女孩就不必如此千方百计,去把睡美人妈妈唤醒。虽然英英与玲玲不是故意生病,但是潜意识的作用,常会造成各种生理病态,所谓心身症状(Psychosomatic Symptoms)心理病。

家庭治疗的第一步,就是从个人的心理病征推引出家庭内各成员的相互关系。既然两个女儿的病负有保护父母的作用,那么,这对父母的夫妻关系又是如何?总得设法激引起两个大人有所行动,他们的女儿才有返回本位做小孩子的机会。

但是,一个是睡美人,一个是"冇符"先生,怎样去推动他们,真是十分困难。

既然妻子出现了两次就不再现身,我只好从丈夫开始。怎样令这"冇符人"变得有"符"一点?

我对小姐妹说:"你们知道吗?睡美人的丈夫其实就是超人先生。因为你妈妈不起床,爸爸要做的事一定比常人多,你们数数看,你们的超人爸爸替你们做过些什么?"

英英和玲玲很喜欢我用"睡美人"及"超人"来比喻她们父母,立刻很高兴地数爸爸的功绩。超人爸爸的功绩不少,烧饭、打扫、给英英搬房间、接送上学、补习功课、带孩子上商店购物,甚至带孩子到街角新开张的快餐店领取免费气球,多不胜数。父亲听得高兴,替她们补充说:"我还替你们缝补破了的衣服呢!"

我乘机说:"你看,你在孩子心中有多重要的地位,你不是冇符人。"

他答:"我对某些事是有办法,但对我的妻子,我实在冇符。"

又是"冇符"——对着如此没出息的男人,我却不能就此罢手。

我恐吓他:"你再'冇符'下去,你的两个女儿就真有变盲的可能。"

他开始不安:"真的那么严重吗?"

我说："真的严重，我看过很多子女，为了拯救父母的无能，变成了盲眼、跛足。"

他答："那你教我怎样办，我真的冇符。"

我心中好笑，说："你读过《孙子兵法》吗？你不知道这世上有多少策略？"

他很快回答："三十六计走为上策，但是我不能离开她，我得为孩子着想。"

我想，你真的为孩子着想，就不会如此'冇符'。但是我知道，此刻再迫他也没有用，不如先想办法令他做些积极点的行动。

我提议："你此刻不用忙。我想请你到图书馆去借本《孙子兵法》，回来我们可以一齐商讨策略。"

我以为这是最容易办到的事，但不知何故，他听后显得十分焦急，忙说他不知道图书馆在哪里；找到图书馆也不一定借到书，借到书也一定很重，搬不回家，搬回家也不一定找到适当的策略……

英英见父亲如此，也变得很焦急，忙着插手相救，她说她知道图书馆在哪里，她说她知道图书馆有我们要借的那一本书，她说她可以帮父亲去找——英英会错了意，以为我们要借的是《睡美人》那本书。

玲玲听不懂我们如此混乱的交谈，却仍急得不停地眨着眼睛，跟着姐姐行动。

这个家庭中一个最大的谜，终于在第六次见面被解开了：原来自玲玲出世后，这对夫妻就不再同床，丈夫不能行房已有七年之久。

丈夫说，妻子虽然与女儿同睡，却每天必在早晨时走来躺在他的身边，也就在这个时候，向他投诉女儿会失明。

打从这宗个案开始，我就奇怪这对姐妹究竟看到什么东西，要令母亲如此焦急地抹煞她们所见？一直怀疑这与性爱有关，却没想到睡美人要抹煞的，其实是她自己的欲念，不过是借女儿双目来作象征表达而已。

而英英的一对眼睛，实在长得美丽。在睡美人不醒的日子里，她才是父亲的伴侣。沉睡中的母亲必然知道，自己最希望从丈夫身上得到的关注，其实都落到女儿身上。

家庭是头十分复杂的多体动物。成员间每个人的行动，是那样有系统性地一环又一环地连锁起来。每动一环，就会影响整体的平衡。怪不得"冇符"的男人不肯去图书馆找《孙子兵法》。他不是怕借书，而是不想行动，在某种程度上，长睡不醒的妻子对他的威胁性会更少。

这个家庭，任何一个人有所行动，就会影响所有人的位置，如果睡美人真的醒来了，她的丈夫及两个女儿，就要重新换位。

我见这个家庭，一共六次，主要是做示范，找出病源，为个案原来的家庭工作者提出以后的工作方向。

我相信，这六次见面中，我是解放了两个被困的孩子，把她们内心的潜意识的行为，成功地与童话世界的幻想及魔术结合。事情变得明朗，两姊妹就不会无端生病。她们的父亲，也从"冇符人"变成一个对孩子极负责任的超人先生。虽然谈话间仍是"冇符"不离口，但他说话开始从简，不再转弯抹角莫测高深。

睡美人虽然一直没有再出现，但我相信她一定不会睡得安宁。

她什么时候醒来，或有没有醒来，我不知道，但是我从这个家庭带走了一样东西，就是，我从此也常常"冇符"二字不离口。

那年我在中大主办的国际心理治疗大会上，发表过这宗个案，"冇符"被音译成 Mo Fu。当时在座不少外国观众，听讲座后也"Mo Fu"不住口。

可见"冇符"之道，中外一致。

少 年 十 五 十 六 时

少年十五十六时，不一定是个快乐好时光。

家庭的压力、学校的压力、同伴的压力，这三个系统有时像三个重叠的大铁环，牢牢地把一个少年锁在其中，使人动弹不得。

这是个尴尬的青春过渡期，生理和心理的急速发展往往配合不来，是个莫名其妙的时期。既然莫名其妙，当然不可理解。

可是一般家庭及学校，都习惯凡事讲道理，尤其学校制度，对一切行为都讲求一个标准，绝对不可出位。所谓"代沟"，其实并无"沟"，只不过是双方争取控制对方的代名词而已。

我应香港心理学会邀请，为学校的教师、社工及心理学家讲解青少年的家庭治疗法。其中由教师提供的两宗个案，特别有趣！

这位教师是修女，她说："我们学校有个十四岁的女学生，长得又漂亮、又乖，每个教师都很喜欢她。"

这女学生却来自一个破碎的家庭，亲生父母早已分手，她随着父亲及后母长大，后来父亲又与后母分离。她随着后母生活，每天放学后要为后母打理店务、煮饭，协助两个同父异母的弟弟补习，晚上十点多才有时间做自己的功课，却常常累得伏在桌上就睡着了。

修女说："我们每个老师都很同情她。为了拯救她出困境,终于找到她的一位叔叔,千方百计把她从后母家中搬出来。"

但是叔叔不能与她同住,只可以给她租一间房,让她自己过日子。

这学生搬出来后,行为开始古怪,常常向老师说谎,假装生病,或称自杀,害得几位老师在医院来回奔走。

本来爱护她的老师开始对她不满,又不想拆穿她的谎话,终于同修女商量,把她带去见心理专家。

这学生见了心理专家后,极其反感,在手册上写了很多负气话。

修女问:"她明知道我们会看她的手册,为什么要这样写?难道她不怕我们会放弃帮她?"

我觉得这宗个案很有意思,因为在我听来,修女形容的并不止是这个女学生,她形容的其实是整个学校制度及其清一色的处理学生手法。

学校可以为一个又乖又可爱的灰姑娘奔走营救,但对于一个又说谎又自杀的愤怒孩子,却束手无策,只好交由专家处理。

其实,找寻依归是人的本性,没有家庭的孩子,或家庭不愉快的孩子,常常会以校为家,以老师为父母。

尤其这个女学生,她与老师间的关系是何等复杂,双方都拥有各种不同的情感和反应。可惜一般心理专家都倾向单独会见个人,而如果能一起见这女学生及她的老师,协助她们澄清关系上不明朗的地方,增加老师对青少年心理发展的了解,则不止这女学生会受益,对将来其他类似的情形,校方也会更有效地处理。

另一宗老师举出的个案,内容不同,但同样地反映出学校制度那种对出位学生毫无办法的苦恼。

这位中学老师说:"有一个十二岁的男学生,像个齐天大圣,学校无法管教：罚他，他笑；教育他，他大声反驳。上课时他去爬学校厕所，派成绩表他拿了就撕碎吞下肚子去。"

我问："你纸上有糖的吗？"

老师倒爽快，她说："如果依我，我就放山埃①在纸上。"我们听后大笑之余，不得不问：何以一个十二岁的孩子有这种本领，连学校这样规矩森严的地方，千军万马，都败在他一人手下？

心理治疗大师 Carl Whitaker 曾说，这世上并无"个人"这回事，个人只是一个又一个体制及组织的反映。

这样说来，这男女学生的行为，不过是反映家庭及学校的组织。若不看组织，只看个人，我们便会把这些出位的青少年像皮球一样，从一个体制传到另一个体制，却始终没有人把球接着。

我在这次讲学中，听到很多有关青少年的个案，内容大多奇异莫测。

我想，这些都是迷失在家庭及学校组织中的孩子。我们把他们的行为放在放大镜下观察，却不知道，应该放在放大镜下的，是他们的家庭及组织内应予援手的专业人员。

我想起已故法国导演 Francois Truffaut 的一套旧片，名叫《四百击》（*Les Quatre Cents Coups*），描写一个少年，家庭容不了他，学校容不了他，他终于由感化院逃了出来，一直跑，一直跑，镜头最后定格在他那张徬徨无助的脸上。

青年人何去何从？尤其是问题青年，谁去接他们这一个"球"？

---

① 即氰化钾，剧毒。——编者注

来 讨 债 的 儿 子

星期日，到女友家去谈天，她二十二岁的儿子，捧着大包小包各种颜色的镇静剂，不停服用。

我与他谈话时，发觉他反应缓慢，一句话说了一半，就不知道如何接下去。

我问他："你吃药吃了多久？"

他说："三年多了……不吃时会十分紧张……尤其在工作时遇到压力，一定要吃。"

镇静剂之类的精神药物，是不能久用的，多用会上瘾。其中某些药品，还会有副作用。

女友的儿子，原是十分聪明的孩子，大学毕业后，却一直窝在家里，不肯工作。女友终日与儿子赌气，却毫无效果。女友去找相士问前生，相士说：她前生与人有一段债，这人今世就成了她的儿子，要向她讨债。

我的女友，是个成功人物，外柔内刚，她活在自己创造的世界里，像个皇后，她的儿子，紧紧跟随着皇后的裙脚，留心着母亲的一举一动。

女友是个说故事的人，有说不完的故事。每次她说到自己的故事，儿子就全神听着。故事开心时，他就开怀地笑；故事中妈妈被人欺负时，他就愤怒挥拳打空气。

二十二岁的青年男子，只有母亲的故事。

我问他："你母亲去年去了美国，你怎样过日子？"

他说："我每晚都不能入睡，不知什么原因，心里很是恐慌……要走去她的房间，睡在她的床上，才可以睡着。"

他答我的问题时，却是向母亲说的，眼睛也一直随着母亲转。

母亲分明听到儿子的每一句话，但她总是忙这忙那，几分钟内做了好几件事：打电话，找香烟，找什么什么的东西。母亲行动的快捷，与儿子动作的缓慢，刚好成对比。

这是一幕母子舞蹈，两人节奏虽然不同，却有一条带子把他们紧紧系着——那是一条没有剪掉的脐带。

我想，恋母的男孩子，是悲剧的主角。在心理治疗的个案中，或在D. H. 劳伦斯的小说里，他们常常出现。女友说她的儿子不肯工作，她却不知道，她的儿子其实已经选择了一件终身事业——做母亲的看护人。

既然"工作"是在家中，当然不能再往外兼职，因此他做每份职业都不能持久。

不久前，我在纽约家庭研究中心，也见过一个恋母的青年：二十六岁的男子，不停地用手挖自己的眼睛，几乎失明；他在医院时行为正常，但一回家又挖眼睛。

后来发觉，这青年的父母不和，母亲是个不被爱的女人，而这个双眼终日包裹着纱布的儿子，是利用自己的残疾，让母亲满腔感情有所依附和关注。

希腊神话中的俄狄浦斯，发觉自己杀父而占有母亲后，也是亲手把双目挖出，心理学称之为"俄狄浦斯情结"（Oedipus Complex）。

家庭治疗大师 Minuchin 曾说："俄狄浦斯的希腊悲剧，在各国都有不同的版本；有些孩子献出眼睛，有些孩子献出手脚，或身体其他部分，以反映他们与父母间的复杂关系，个中奥妙，真令人费解。"

我女友的儿子献出什么？

也许，他献出的是自己的理智，终身做个病患，就可以永伴母亲身旁。也许，他献出的是个人成长，做个永不长大的孩子，美丽的母亲就永远不会衰老。

女友说："绝对不是这样的，有时我们几天不见面，互相避开。见面时也是大吵大闹、势不两立，他就是懒，不肯工作，哪里是为着我！"

当然是懒，人只要不工作一段时期，就会失去精力，重新振作并不容易。但是最深层的原因，仍是基于与母亲不能分离，他们即使不见面，然而隔着重门都能感应到彼此的气息。

女友在儿子两三岁时就与他父亲分手，儿子一直跟着父亲，到成年才要求搬来与母亲同住。一度被遗弃的儿子，永远存着戒心，长大了死守着母亲不放。

也可以说，这儿子是来讨债，但他讨的不是前生，而是今生债。

如果做家庭治疗，就要让母子二人彻底地清算一下旧账。母子共舞，各人的步法有一定的模式。儿子把母亲捏紧，要令他们解开那缠得一塌糊涂的脚步，剪开脐带，两人才有独立的生机，二十二岁的男子才有自己的故事。

我爱我的女友，也关心她的儿子，可是不能为他们作治疗，因为彼此太相熟了。

只好为他们说一个故事，一个讨债儿子的故事。

同 性 恋 的 家 庭

　　我认识田中有十年之久，他知道我的治疗工作与性爱有关，我也知道他是同性恋，但是因为场合不同，彼此从来没有在这方面交谈过。

　　直到两个月前，田中要回日本探亲。六年没有回家了，我问他："你一定很兴奋吧？"

　　没想到田中苦着脸，答道："一点也不兴奋，回家是苦事，只是父母亲老了，不能不回家探望。"

　　他想了一会，又说："你大概知道我是同性恋的。但是你一定不知道，我的弟弟也是同性恋。六年前父母从日本到加拿大来看我们，结果失望极了。他们近七十岁，发现这一辈子都没有抱孙子的可能，十分悲伤。一言不发就回日本去了。"

　　"我和弟弟都怕回家探亲，不知道怎样面对父母的失望与悲哀。"

　　我无言，历年的治疗经验教会我一件事：就是千万不要多给没有意思的意见，有很多话，只能细听，不宜多言。对田中这一番话也是这样。

　　一个月后，田中从日本回来，我问他："回家之行如何，真的像你想象中那么可怕吗？"

　　田中喜形于色，说："出奇的顺利，父母亲好像想通了，见我回来十分高兴。我太久没有享受到这种与双亲在一起的温暖了。看来我弟弟也可以回家了。"

我想,无论田中的父母有多痛心,他们也必然知道,要是这样继续失望下去,不但抱不到孙子,连两个儿子也会失掉。

最令同性恋者头痛的,往往是如何面对父母。

父母的最大恐惧之一,也是获知自己的子女有断袖之好。

香港有"十分之一会"(Ten Percent Club),意指每十个人中,就有一个是同性恋,如果这个计算正确,则每十个家庭中,就有一个家庭的父母会伤心。

我工作接触最多的,却是犹太人的家庭。传统的犹太人,与中国人有点相似。记忆最深的是史拂文一家。这一家五口,一儿二女,史拂文爸爸是多伦多一家大医院的妇科专家,史拂文妈妈是个打扮入时的医生太太,大儿子丹尼,长得十分英俊,倾倒不少美丽淑女。

但是丹尼对女性没有兴趣。

我第一次见他时,他只有十三岁,当年我在他就读的学校讲解青少年的性发展,座谈会后,丹尼偷偷地跑来见我。

他十分担忧地问:"我碰到女孩子时,一点身体本能的反应都没有,对男孩子却感到很兴奋……你认为,我会不会是同性恋?"

很多男孩子在成长过程中都有丹尼这种忧虑,以为自己对异性没有兴趣。等到发育完成,自然就会追随着心目中的女孩不放。

因此,我对丹尼说:"在你这年纪,你的反应是很正常的。到你十七八岁时,如果你的感觉不变,再来找我吧。"

丹尼再来找我的时候,已经二十一岁。他身高六英尺,俊得迷人,再也不是当年那个羞怯的大孩子。

他说："我等了八年，尤其在过去两三年间，不断与女孩子约会，做所有大男人应做的事，但是，对女孩的感觉没有改变。这几年我尽量不与男性在一起，但我对男子的感觉，也没有改变。"这般俊秀的男人不爱女人，真令天下美女心痛。

我问："你为什么要在今天来见我？"

丹尼顿了一顿，说："我最近认识了一个男孩子，我没法再抗拒要与他在一起的欲望。"

我说："同性恋在北美不违法，现时医学协会对同性恋的定义是'个人偏好'（Personal Preference）。你必然是有什么别的顾忌吧？"

他答："我知道。我最担忧的是父母对这件事的反应。"

原来丹尼的父母已经发现儿子的"所好"。爸爸气得心脏病发作，妈妈终日哭哭啼啼。两个妹妹，一个十八岁，一个十二岁，一家愁云满布。

大妹爱惜父母，责怪哥哥说："你喜欢男的、女的，与我是无关的；但是，为什么要让爸妈知道，弄得一家不安，不能守秘密吗？"

小妹仍处于对异性没有太大兴趣的年龄，不明白为何全家对长兄有如此激烈的反应。

一家五口，五种不同的感受，五种不同的看法和体会。

面临危机的家庭，最需要的是家人间彼此的支持和对话。奇怪的是，大部分家庭在面对困难时，总是各人独守本位，独自伤心；在最需要互相支持的时候，互相责怪；在最需要彼此交谈的时候，彼此无言。

田中的家庭就是这样冷战了六年，白白浪费了多少宝贵的家庭温暖。

他已经算有幸运的结局，一家人终于互相谅解。我知道有很多别的家庭，父母始终不能接受子女的抉择，结果郁郁而终。

同性恋的成因,始终是个谜。各门学说,包括生理、心理、家庭背景、学习环境以至基因遗传,都不断对这一现象作出不同的研究及发现,但至现时为止,没有一个解释是为学术界全部接受的。

根据临床经验,我觉得同性恋也不一定是"个人所好",田中和丹尼都没有特别选择去爱同性。为了家庭,他们都曾经千方百计地做个"正常人",但是,真正的同性恋者就会知道,无论他们怎样逃避,有些人甚至与异性结婚生子,结果都是无法解开心中的情结,最终使自己及家人一同伤心。

丹尼的一家,后来却有十分戏剧化的进展。

篇幅所限,下一篇《家庭的舞台剧》再详细报道这宗个案的家庭治疗过程。

家 庭 的 舞 台 剧

第一次见丹尼一家时，气氛紧张，有如备战。这是我在纽约见到的犹太家庭。

一身仙奴①服装打扮的史拂文妈妈，带着十八岁和十二岁的女儿先进入我的诊所。丹尼神色不安，站在门口张望那因为泊车而迟来的爸爸。

一脸严肃的史拂文爸爸终于出现了。这个身高六英尺的著名妇科医生，目光逼人地打量着我这个身材瘦小的东方女子。我想：大概史医生这一辈子，今天是第一次在诊所内见到一个不是他病人的女人，更糟的是他反而成了我的"病人"。

我们彼此对望了一会，他先开口："丹尼老是要我们全家一起来见你。不知何故，他对你很是敬重。但是，我的时间十分有限。你为什么要见我们？"

这位外表有绅士风度的名医，一开口就得罪人。我也干脆开门见山，回答他："我与丹尼谈过几次话，他最担心的是家人无法接受他的同

---

① 时装界有名的品牌。

性恋。既然这是他与家人之间的关系问题，当然需要与家人一起解决，与我一个人谈是没有大作用的。"

我说出了他的要害，他的神情有点激动。但有些人，在需要处理自己情绪的时候，往往会全力攻击他人。

史拂文爸爸不谈儿子，反而不断地问我的学历及背景。史妈妈及三子女一言不发——这一家人里谁是"BOSS"，一眼可见。

我笑着对丹尼说："你爸爸显然是不信任我的能力。我原想利用这个时候，让你们的家庭解决一些你们自己不能解决的事。现在半个小时过了，话题都集中在我身上。我想，你们还是找个犹太人的治疗专家吧！"

史拂文妈妈出乎意料地立即回应："不能找犹太人！"

她随即解释："我们犹太人的圈子很小，我们不想家……家事外传。"她察觉到儿子的敏感，把将要出口的"丑"字收回。

我望着丹尼，这个平时潇洒健谈的美男子，在家人面前判若两人。他紧随母亲身旁，低首无言，显然是个"裙脚仔"①。

小女儿玛妮，却是亲热地挨着父亲。只有大女儿莎拉，独自坐着。莎拉衣着随便，与母亲时尚的打扮恰成对比，她虽然不说话，但是脸上带有父亲的严肃，而且很留心家人的一举一动。

我决定向莎拉入手，我问她："莎拉，你与丹尼的年纪最相近，他的事对你可有什么影响？"

莎拉答："没有直接影响，但是因为这件事，弄得爸爸妈妈都很不开

---

① 粤语，出门或撒娇时还要拉着妈妈的裙子哭啊哭的男孩子，意指长不大的男孩。——编者注

心,我很希望去安慰他们,可是他们的心只放在丹尼身上。"

玛妮抢着答话:"如果你考入医学院,爸爸就会开心了。"

我对莎拉说:"这样说,你也可能会像丹尼一样,令你父亲失望。"

莎拉想了一会,很小心地说:"不一样的,这是丹尼第一次令爸爸妈妈失望,我却是一直都令他们失望。我无论做什么事,都是不对的。"

我说:"这样说,如果同性恋的是你,而不是你哥哥,家里就不会这般紧张?"

莎拉说:"可以这样说。有时,我真希望同性恋的是我,而不是丹尼,这样或者可以令爸爸妈妈少些伤心。"

我支持莎拉:"我相信,最伤心的可能是你。觉得不受家人重视的子女,心中常会打着一个大结。你父母知道你的感受吗?"

史拂文妈妈说:"我知道她总是觉得爸爸偏心,其实不是这样的。丹尼身体一向不好,常常令人操心,他又是长子,爸爸有时自然会多注意他。"

莎拉答:"不是爸爸,爸爸最紧张的是玛妮,丹尼才是你的心肝宝贝。"

沉默的丹尼终于开口,对莎拉说:"原来这是你的感觉,怪不得你从小就跟我过不去。"

莎拉情绪激动,开始落泪,她哽咽着说:"也许我应该去做未婚妈妈,生个小杂种,让你们知道我也是存在的。"

史妈妈也开始落泪,说:"我知道你终会这样,把我活活气死才会安心。"

她继续哭泣:"他是医生,时间都是给医院和病人的。管教子女是我的责任。"

我说："这样说,你是个单亲妈妈了?"

不言的爸爸愈来愈不安,面对家人激烈的情绪,不知所措,决定借故而遁。他看看腕表,说："我的计时器停车时间到了,我要先去充值。"

我当然不能让他跑掉,按着他说："这二十元罚款你是输得起的,你的家庭可不止这个价值,你输得起吗?"

史医生终于坐下,他叹一口气,对妻子说："不是我不想支持你,也不是我不负父亲的责任,只是,多年来孩子好像都是你的,尤其是丹尼,他是你的儿子,什么事都不与我说,连他是同性恋,我都是最后一个知道。"

一旦打开情感的锁,这个看似绝对理智的大男人也开始真情流露。

他继续："我不过是个养家糊口的人(Bread Winner),辛苦维持家庭,我何尝有家!"

玛妮立刻抱着父亲,嚷道:"你是我最亲爱的爸爸。"

父亲也拥着女儿:"我知道,你是爸爸最大的安慰。"

我问:"除了玛妮,可还有人知道你内心的寂寞?"

史拂文医生不语。丹尼终于上前,面对父亲而坐,说:"我知道。我常在房间内细听你一个人深夜在客厅里踱步,我每次都想出来与你谈话,想接近你,但是不知何故,我出不了房门,我找不到话语。"

莎拉说:"我也知道。我晚上听到你的声音,总是用枕头把自己紧紧盖住,不能动弹。我想出来,但是我怕你的眼光,我怕你会把我拒绝。"

史拂文太太望着丈夫与三个儿女情意绵绵,有种落寞的神情。她一向站在丈夫与两个大子女中间,是他们之间的传话机,无形中也成了他们的绊脚石,造成父亲与儿女之间没法直接沟通。

家庭治疗犹如一幕舞台剧,治疗者不单是导演,也是演员,以本身的参与及体验,解开一个又一个情感的结,好像针灸一样,打通家庭的经络。

我一共会见了史拂文家庭八次，初时见他们的理由是因为长子丹尼决定要过同性恋生活，但是在治疗的舞台上，同性恋本身并非治疗的理由。相反，由于丹尼的同性恋，而引发出一环又一环的家庭关系问题：其中有父子的关系、父女的关系、兄妹的关系，以至夫妻的关系，把每个环节重新处理安排，这家庭才能获得新的活力，才有能力去面对各种关系上出现的问题。

　　奇怪的是，人往往千方百计逃避情感上的问题，殊不知，打通了情结，能与家人赤裸相对的情怀，才是人生追求的一个能产生大量热能的境界。

　　最后一次见史家时，史医生与我握手道谢，同时给我一张名片，说："如果你有妇科上的需要，一定要来找我。"

　　我微笑收下卡片，心里想：我看过史拂文医生赤裸的感情，他一定也要看我赤裸的一面，才能甘心。

　　而我当然不会找他做我的妇科医生。

婚 姻 的 故 事

泰姬陵，是一个丈夫对妻子爱情的最高敬礼。

我老远跑来印度北部的雅佳古城，亲身体会这个被誉为世界七大奇观之一的陵墓。

处身这座被黄昏霞光映得色彩缤纷的白大理石建筑，我如在梦中，这世上怎么会有这样美丽的景象？一个丈夫可真会对妻子有如许不灭的爱？

一位活在十五世纪的印度国君，为妻子的早逝悲痛，遂花费三十年时间，动用二十万人，建造这座巧夺天工的白塔，以安葬亡妻。

这位君王晚年时被儿子夺位，软禁在陵墓隔河相对的城堡。我也参观了老王被软禁的寝宫，一座精致的镶满宝石的亭子，名为茉莉花亭——遥遥可见泰姬陵像个白色的天宫，映耀在云霞间。

据说，老王就是如此望着爱妻的陵墓终老。

泰姬陵背后是一个歌颂婚姻爱情的感人故事。但是大多数的婚姻生活，却是限于柴米油盐、谁去接送孩子上学、谁去洗碗等等，各样烦琐细节上。

在家庭治疗的范围内，婚姻问题占了很大的部分。但是，也有一部分大师，例如 Whitaker，就申明绝不染指婚姻治疗，他说："夫妇不和，总是把治疗者当作法官，只求判定谁是谁非，这种治疗不干也罢。"

专门治疗精神病患者的 Whitaker 认为：疯子，总比一对争吵中的夫妇正常。

我在米兰受训时，意大利的名师 Boscolo，也给我讲过一个有趣的治疗故事。

有一对夫妇，想改善婚姻生活，可是每次来接受治疗，都是吵个不住口，如是过了几个月。

Boscolo 说："他们不觉得难受，我也觉得辛苦，愈想愈觉得做这种治疗实在不是味道。"

于是，外表像个佛爷的 Boscolo，突然站起来，双手举向天空，对这夫妇说："我投降！（I surrender!）"

这对夫妇愕然地眼看大师跑掉，不知如何是好，也因而停止了互相攻击。

六个月后，他们特地来见 Boscolo，感谢他治疗成功。

Boscolo 望着这一对不再争得你死我活的夫妻，莫名其妙。

他说："我不知道，原来对他们投降有这样大的作用。我想，其实每个人都有很大的力量去处理自己的问题，只要点出阻塞之处，自然就会茅塞顿开。"

夫妇争吵得兴高采烈之际，个人的胜利往往要比夫妇关系来得重要，他们不知道，胜的是这场争论，败的却是整个婚姻。

Boscolo 的举手投降，是向他治疗的那对夫妇当头棒喝。连大师都宣布"冇符"，他们再也没有别的借口，只好靠自己努力重建婚姻基石。

现在很多辅助婚姻问题的工作者，大多着重技巧，有的教人如何交谈,有的教人如何相爱,都是十分"小乘"的做法。

Minuchin 在教学时就曾经对一个这样的学生说过:"如果你结过婚,你就会知道,婚姻的路绝对不是这样明确的。"

他说:"一段成功的婚姻,中途一定经过无数的考验和体会。双方一定起码想过离婚一百次,捏死对方五十次。每晚在窗下奏小夜曲的情怀,我们过来人就知道是很累的,绝不能作为婚姻的基柱。"

既然没有婚姻方程式,每家人自然有不同的婚姻故事。

我在米兰时,也曾参与一对美国夫妇专程到米兰家庭治疗中心来作治疗的疗程。治疗者对这对十分拘谨的夫妇说:"意大利是个最浪漫的国家,你们不如先放下问题,到处玩玩再说。罗密欧的家乡就在附近,如果你们到了那里仍不能放松情绪,那就真的是情形严重了。"

我也曾与丈夫游览过罗密欧的故乡,站在朱丽叶站过的露台上,张开手臂朗诵"罗密欧,罗密欧,你在哪里?"

那时,我的"罗密欧"正在城中的鞋铺忙着买鞋子。我那十分实际的丈夫说:"这个古镇有爬露台的传统,皮鞋一定会造得特别结实。"

没有办法,超过十年的婚姻挽回不了罗密欧与朱丽叶的时代。

某年我在香港为纽约家庭研究中心收学生,其中一份申请书特别有趣,申请人写道:"我曾花了三个月旁听你的课程,我不知道对自己的治疗工作可有改进,但我个人的婚姻却有改观。本来是个专心争取独立的女人,事业第一,丈夫居二。没想到这三个月来的感受,令我明白向丈夫撒娇的重要性。"

她说:"我仍需要独立,但不一定要那么独立了。"

个人的独立与二人世界互相对立,这两者如何取舍,如何平衡,实在是每段婚姻的挣扎。

但是，此时此地，面对这座令人充满幽思遐想的白色堡垒，我只觉得一片澄明，好像自己的婚姻也被这陵墓作了一次洗礼。

再也没有什么大不了的问题：他的臭袜子放在哪里，再也不是那么重要；永远做不完的工作，可以放下；能够同游古迹，只感到十分难得；十世同舟，百世同枕。

我问他："你会为我建造一座泰姬陵吗？"

他说："用纸折个给你吧！"

我没有抗议。

当然，过了一阵又会继续与他因各种小事而纠缠不清。到时我希望，自己会记得，曾经有一个个人和彼此都能融在一起的空间。

谈 "玩" 的重要

离港前一天,到朋友家午膳。朋友在百忙中,取出他精致的茶具、各式名茶,一款一款地品味;又启动一套他费尽心思的音响器材,细听不同线路配搭出各种不同音乐的效果。

通宵工作的朋友,被自己心爱的玩具包围着,乐得像个孩子,脸上全无倦意。

每次碰到爱玩的人,我总会跟着一起快乐。愈来愈觉得玩耍是成年人最缺乏的东西,因为缺乏,更是显得重要。

不会玩的人,是不懂自由的人。这些人不单对自己有所限制,对别人也会不自觉地扣满枷锁。

心理治疗的很多学派,都有特别谈论到"玩"的重要性和不会玩的人所出现的各种问题。尤其是对儿童的心理治疗,"玩"是绝对不能忽略的重点。

有一派治疗法,叫作生物能量学(Bioenergetics),始创人是Alexander Lowen。他从人的个性形成及身体语言来看心理问题。

Lowen说:"人的个性,像树的年轮,是一圈又一圈地发展出去的;婴儿的一圈,代表爱与享受;孩童的一圈,代表创作与幻想;少年的一圈,是玩耍及嬉戏;青年的一圈,是情爱及探索;而成年人的一圈,则象征现实与责任。一个完全的人,要具备上述所有特性。"

这一圈一圈的发展,有一定的程序,如果有一圈未完成而被破坏了,这个人的个性就会受伤,不能完善。

而最容易失去或被压制的,是玩耍及嬉戏的一圈,一般家庭及学校,都是不鼓励孩子玩乐的。

成年人教孩子,往往把自己处身在内的现实及责任那一圈,过早地套到孩子身上。因此,我训练治疗人士时,总是先教他们玩耍。

收学生、招聘员工时,也必问:"你爱玩吗?"不爱玩的,就把他们的申请书先放在一旁。

有人问:"玩,真的那么重要吗?"

真的重要。儿童的学习,大部分都是在玩耍中进行的。心理学家John Money做过一个很有趣的研究,他观察未成年的猴子,在笼内互相嬉戏作恶,你追我逐。于是,把一部分小猴子分开放到别的笼中,不让它们有机会耍乐。

这些失去游戏机会的猴子,长大后变得十分木讷,有些甚至失去求偶及生小猴子的本能。

幼猴玩耍的行动,Money称之为"彩排期"(Rehearsal stage),其作用是为小猴子铺路,让它们成功地发展成大猴子。

人也是一样,没有经过"彩排期"的少年,一样会变成木讷的成人。我们发觉,很多不能行房的夫妇,都是不懂玩或不肯玩的人,与 Money 的猴子相同。

最近被邀与一群为青少年服务的社会工作者开座谈会,我问他们:"你自己在青少年时期是怎样过的?"

引用 Money 的实验，我问："你们在成长中，是怎样的一只幼猴？"

大部分的回答，都是说："是一只木讷呆板的小猴子！"

"是个只有读书没有玩耍的小老人！"

"是个乖孩子！"

他们反问我："错过'彩排期'，对现在发展可有什么影响？"

我忍不住开他们一个玩笑："错过'彩排期'，长大只好做社工了。"

其实，每个行业，都缺乏懂玩的人。这里指的不是工作紧张之余放松一阵的作乐，而是切实地把"玩"的哲理融入工作及生活的艺术中去。

家庭治疗大师 Whitaker 就是著名会玩的人，他作治疗时，天南地北地与病人天马行空，在很短时间内，往往就使本来十分沮丧的一家人，高高兴兴地继续接受生活的挑战。

我的老师 Minuchin 也是个老顽童：七十多岁的人，每次见我找到什么玩意，例如一只照人时会哈哈大笑的镜子、一个反转过来会变成青蛙的布造王子，他都抢着要玩，玩得"严肃"。

这二人都是充满生命活力的开山祖师，他们无穷的创作力，与他们对生命的好奇、与他们的好玩，是息息相关的。

有一回我觉得心灰意冷，写了一篇小说自娱：一个打算自杀的人，徘徊在楼顶跳与不跳之间，却想起很多好玩之事：一壶好茶、一只唱歌的小鸟、一跤跌在雪堆中、一头被强风吹走的假发，形形色色，生活中意料或意料不到的事，愈想愈有趣，愈想愈好笑。

想着还有很多未发生的事：还没有骑骆驼到金字塔，还没有试过同性恋……

愈想愈乐，就忘了本来要自杀之事。

玩之道，真有起死回生的作用！

家 庭 内 的 谋 杀

刚从香港回到多伦多,立即又风尘仆仆地赶到纽约去上课。

课题是:家庭内的谋杀(Murder in the family)。

主讲人是我的博士论文审评会的主席,我当然不能不乖乖地出现。先与西比利教授打个招呼,再打量这围圈而坐的一群人,三十人中,只有素珊一人是我认识的。

素珊与我都是念心理学,都是跟随西比利教授的,她是个社交十分活跃的人,穿插在人群中,一下子就探通了每个成员的背景。

来上课的,除了小部分是研究人类学及现时在美国十分流行的妇女研究(Women's Studies)者外,大部分是心理学的研究生,其中又以专攻心理分析者为多。

二十多位心理分析的同道聚在一起,每人对彼此的内心世界都一览无遗,怪事自然要发生。

在这彼此陌生的环境里,总是声音最大的人占最多空间。

声线浑厚的约翰逊,用了大半个小时来介绍自己,他说他的工作,多以被家人性虐待的儿童为主,他自己就收养了十个受害的儿童。

坐在我旁边的素珊,低声对我说:"谁家孩子不幸被他收养了,准得倒霉。"

上课第一天，只有独白，没有交流。

整个小组由五六个人的声音控制。沉默的组员以无声抗议，内心却秘密地分析发言人的每一句话。

就是在这怪异而近乎超现实的气氛中，我看到马莎——一个装扮整齐而又稍为保守的中年女士。马莎沉默而神情温和，但是她的沉默，却比组中任何一人的声音都更为响亮，因为这位骨骼硕大的女士，前身分明是个男人。

一个曾经"杀死"自己本来性别的变性人，在这专门研究"谋杀"的小组座谈中，具有一种无形的威胁，令人不敢正视。

上课第二、第三天，组员的攻势及侵略性愈来愈大，但是碍于彼此之间仍是很陌生，因此把箭头全部指向组外人。

西比利教授邀请来参加讲学的嘉宾，一个个被我们批评得体无完肤。

第一位嘉宾是纽约心理分析专家米斯。他给我们讲解近代心理分析的趋向。结论是：传统与"摩登"心理分析的分别，其实很难下明确的定义。每个人都认为米斯说了等于没说。

第二位嘉宾安娜达莉亚，早年是俄罗斯芭蕾舞团的领舞，后来转读心理学，她的博士论文，是重新修订心理分析开山祖师弗洛伊德的原理。不用说，她那高不可攀的舞台姿态，很快就成为我们私下里的取笑对象，连整个俄罗斯芭蕾舞团，都被殃及。

第三位主讲人东妮，是西比利教授刚毕业的得意弟子。她研究的是希腊神话中的母女关系。

东妮引用荷马史诗的故事，指出其中好些母亲，都是为了自己的利益而牺牲儿女的性命。到儿女死后,她们又哭哭啼啼地埋怨老年孤独无人照顾。

其实,东妮的学说,最为入题,我们这座谈本来就是要讨论发生在家庭内的暴行。

也因为入题,我们对她攻击最大。攻击东妮,其实是攻击西比利教授。为什么他自己不发言?为什么东妮有特权在组内发表自己的文章?

而西比利教授对我们的存心生事,一点反应也没有。这位教授本来是位钢琴演奏家,早年曾与 Van Cliburn 一同参加音乐比赛。后者成为二十世纪著名的音乐家,而西比利就改行成了我们的心理学教授。

素珊说:"我们教授自从败于 Van Cliburn 手下,大概至今还没有复原。"

既然是个受了伤的男人,我们愈迫他,他愈逃避,后来连午饭都不跟我们一起吃了。

我们只好继续找东妮出气。

保护女权的嘉伦尤其愤怒,她质问东妮:"为什么你集中指责母亲,却不提父亲。难道你嫌这时代对妇女的迫害不够,要多加一刀?"

嘉伦找打架的引子一被挑起,其他组员难免遭殃。一时小组气氛十分紧张,人人备战。

在此危急开头,一位来自非洲的组员,却若无其事地大谈天下一家的道理。

他指着气冲冲的嘉伦说:"亲爱的姊妹,我不知道你的名字,但是让我来拥抱你……"

他又向着另一男组员说:"我的兄弟,你知道蛇被杀的故事吗?让我来告诉你……"

这位兄弟弄得人人啼笑皆非，真想叫他住口，但又没有一人愿意出声。全部组员僵在这气氛中，听他说一个又一个莫名其妙的故事。

一肚子怨气无处可发，我们觉得倦不可言。私底下，我们开始成党成派，三十人变成三五成群，课室内不能或不想说的话，都在自己的小组内畅所欲言。说的当然都是恶意的话。

在混乱中，有人提起马莎的名字。致力女权运动的嘉伦，认为本来是男人的马莎，不应该上女厕。

那么，马莎应该上哪一个厕所？这题目成为各小组最热的辩论。

马莎本人却对一切攻击无动于衷，她似乎是唯一冷静的人。

晚饭后，我与马莎交谈彼此的工作。她来自西雅图，在当地创办了一间辅助变性者的诊所。她说："一般人对性别身份（Gender Identity）方面的认识，实在太少了。认识愈少，恐惧愈大。"

第五天，也是最后一天，有位教授来讲述小说中描述的家庭暴行，为各类血腥事件，一一举例。

众人开始骚动，酝酿了五天的怨恨与恶意，终于爆发。有人说，我们不能就此解散，太多未了的情绪，太多未解的结，各人纷纷提出补救之法。

我说："我们不断地数说别人的罪行，而我们自己这一群人，其实也不断地彼此杀戮，抢夺彼此的空间。我一直很少发言，因为不想自己的声音被别人删去。"

我话未完，东妮就赶着说："我认为这个座谈进展得十分不错，我对希腊神话实在下了很多工夫……"

素珊打断东妮："请别再改变话题，又一次删掉他人的声音。我们组内这种只顾自说自话的方式，对在座的人来说，实在是一种暴行。"

东妮黑着脸,像被人打了一拳。

西比利教授问我:"我们怎样可以补偿这些对你的暴行?"

我说:"我不想多说,只想杀人!"

我走到来自非洲的组员面前,用大衣塞着他的口,说:"首先,我想杀死你,因为你满口道理,我却无法与你沟通。"

我又把嘉伦按在地上,说:"我想杀死你,因为你嚷着维护女权,而身为你的女同学,我却一点都感觉不到你的支持。"

最后我拉出西比利教授,对他说:"我也想杀你! 因为我想听到你的声音,而你却只是沉默。"我与另一组员合作,一同把他"扼杀"。

这五天,是一个奇怪而有趣的经验。人在满口道德及要做好人的枷锁中,往往不知道每人的内心,都有一股血的欲望,久不久就要咬人一口。

我连"杀"三人,消尽所有恶意,反而觉得与这几人特别亲近。

十分满意地完成了课程。收拾行装,与素珊一同坐计程车回家,途中素珊问我:"我不明白,你为什么不杀东妮? 这几天来她一直在霸占你的空间。"

我答:"我不杀她,因为杀人是一种亲密的行为(An Act Of Intimacy)。我只杀我愿意接近的人。"

计程车司机听着我们的谈话,显得十分惊惶,不知道接上了哪家疯人院跑出来的两个疯子。

打 小 人 的 乐 趣

上文提到"家庭内的谋杀",有人问:"谋杀"之道,真的这般复杂吗?

这里指的当然不是杀人放火的谋杀,而是一种人与人之间的敌意和攻击。这一种并不美丽的情操,可以说是与生俱来的。因为并不美丽,大部分人都极力把这种咬牙切齿的感觉收藏。

问题是,收藏得愈紧,其害处愈深。

笑里藏刀的人,不单令人难受,他们自己的心理健康,也往往一塌糊涂。

三四岁的小童,感觉是最直接的:喜欢别人的东西,伸手就取;见到不顺意的人,一巴掌就打过去。

人逐渐长大,就要控制所有"不良"情绪,慢慢地培养了两个层次、双重标准。表面的层次,是自己希望被人看到的;不愿被人看到的一面,则尽量推到另一个不见光的层次。

这种做法,其实只能骗自己。有眼睛的人,却会看得出其复杂的一面。

我替问题儿童的兄弟姐妹做治疗,发现这些孩子中,愈是满口仁义道德的,愈是心理不平衡,因为他们只说"应说"的话。

治疗的重点,往往是制造一个较为自由的环境,让这些孩子可以表达自己的各种心态,有机会说"不应说"的话。

因为,文明的社会,也是制造疯子的社会——各种教条,各种"应该"做的事,各种"应该"说的话,在这"应该"的枷锁中,人有时实在受不了一种想犯罪的压力,最后只好疯了。

其实无论我们疯了或没有疯掉,都往往背着一块大石头,这块石头有如打桩一般,把我们所拥有的各种"不应该"拥有的情绪,一下一下地打到心底去。

因此,人人心底都有一个不平静的黑洞,不时兴风作浪,欲挣脱枷锁。

浪大时可真会杀人。有一年我在加拿大一个小镇工作,镇上发生一宗中学生持枪回校连杀十数人然后自尽的事件。当时,人人都说这学生平时是个"乖孩子",无法找出他杀人的动机。小组调查的结果,只好指责他父亲不应把猎枪放在家中。

我不认识这个学生,但同期正值与当地的青少年做研究工作,发觉这个十分富庶的小镇,却是个教条甚多的地方,整个环境充满着压抑的感觉。

在这种气氛下,"乖孩子"突然变"暴徒",倒是意料中的事。

与其等待一触即发,不如平日频频打扫心中黑洞,清除怨气。

在香港政府机构讲学时,最喜欢课后去湾仔鹅颈桥,看人打小人。

我常说,这专门替人打小人的,可能是全香港心理最健康的人。

她念念有词,拿着破鞋拼命打一个象征式的"小人"。虽是受人所托,骂的却一定是她自己心中的对象,不然怎会打得如此起劲?

倒霉的是蹲在她面前的顾客,一般都是面目无光,连骂人都要假手他人，实在窝囊。

心理治疗的道理，其实并不复杂。主要是协助被治疗者正视自己内心种种情绪，尤其是病人最不想面对而确实又存在的感觉，因为，不能或不肯面对自己内心感觉的人，像缺了一条腿走路，无法享受丰盛的人生。

而心理治疗者，自己也要摆脱"应该"的枷锁。要不然自己身在牢中，哪里还有能力帮助别人寻找自由？

在香港大学教学时，我也曾把打小人的道理带到课堂中。我问我的学生："谁是你的小人，你要怎样咒他？"

学生脱下鞋子，人人振振有词：打累人的功课！打不负责任的老师！打以势压人的上司！打向上司拍马屁而又欺压同辈的同事！打不公平的社会！打做人的苦恼！打不支持自己的家人！打负义的朋友！打失望、打苦痛、打失恋、打不升级……愈打愈高兴，所有合逻辑及不合逻辑的攻击和恶意都打了起来，才发现原来能够任由恶意奔放是如此惬意的一回事。

学生打得开心，问："可以杀人吗？"

我说："当然可以！"

一群研究院学生便聚在一起，彼此厮杀。过后，他们都说，从来没有觉得这样舒畅。有人一定会问："这是什么教学方式，这么胡闹？"

说来可笑，本来身心开朗的孩子，却被教成古板的成人，而这些成年的研究院院士，我却要他们恢复童真。

因为，有童真的人，才有机会接触到自己的七情六欲，才会明白人的感情世界中，有爱，也有恨，有亲情，还有敌意。

其实，人在生气时，不论对父母兄弟、夫妻子女，都有过想扼死对方的念头。每个国家的文字，都不约而同地有各种叫人去死的咒骂。

与其藏于心底，弄得郁郁不欢甚至弄出"六国大封相"[①]，不如早日学会打小人，化恨意为乐趣。

---

① 粤语，形容局面或情形非常混乱，不可收拾。——编者注

女 性 的 性 感

女性的性感(Female Sexuality)，一向是个禁忌的话题：不能看、不能听、不能谈！

其实，性感，不一定是性欲，而是一个人的整体表达，包括内心的感受、身体的需要、与人的交往、对生活的追求。当然，也包括性爱的欲望。

曾经上映一部叫《钢琴课》(*Piano*)的影片，是表达女性性感的一部杰作。

一个从六岁起就不说话的少妇，她的钢琴就是她的语言。她带着钢琴及小女儿，千里迢迢地从爱尔兰跑到纽西兰，嫁给一个开荒的爱尔兰人做"过埠新娘"。

陌生的丈夫不明白妻子与钢琴实在不能分开，强把钢琴卖给邻居。

少妇为了要取回钢琴，答应给邻居弹琴。每次弹琴时，邻居都提出各种官能上的要求，例如抚摸她的后颈，触摸她的手臂，或俯看她踏拍子时的小腿。少妇与邻居这一宗本来纯生意式的买卖，慢慢演变成一幕又一幕不能自制的澎湃感情。

剧中女主人翁，没有说过一句话，可是她的身体语言，却比任何声音来得清澈。她触摸琴键的手势，与触摸男人身体的手势，完全一样。

这种毫无自觉或羞愧，尽情融入身体及官能触觉的体验，本身就是一种音乐！

《查泰莱夫人的情人》，描述的也是这一种境界。

其中有一段查泰莱夫人与情人的对话，大意如下：查夫人问她的情人："你究竟相信什么？我看你什么都不相信！"

情人想了好一会，答："我相信一件事，I believe in a good fuck。我相信操女人，一定要操得痛快、操得尽情。"

痛快与尽情，是一种奔放，一种死而后已的慷慨。这种情怀，不单在性欲上，其实在任何情感里，都有其一定的价值。

可是，无论中外女性，都是惯于传统的枷锁，大多数人都患有"好女孩症状"（Good Girl Symptom），正常人的七情六欲，起码被删掉一半以上。

不能生气、不能有恶意、不能有所欲！步步循规蹈矩的人，结果无论做什么事，都有犯罪的感觉。

最近跟女友谈话，这位女士本来十分前卫，看来比一般人都敢爱敢恨。但是她说："我每次跟一个男人要好，都是为了要逃避另一个自己真正心爱的人。不知何故，老怕真的堕入情网。"

这种永远要保持清醒及距离的心态，是女性的一个大包袱。

我这女友空有"坏女孩"的形象，私底下却仍不能放弃对自己的控制，不能达到忘我的境界。

性学专家 William Masters 及 Virginia Johnson，在《花花公子》杂志主办的座谈会上曾说，人的情感，是没有逻辑，不被控制的。而情感最高峰之处，就是达到像被狂风卷走的一种不能自已，一种文学家艺术家都不断追求的层次。

中国女性很多不能解放的地方，在戏曲中却有大胆的表达：《西厢记》的崔莺莺与红娘，《陈姑追舟》的小尼姑，《白蛇传》的白娘子与小青，都是为情奔走的潇洒女性，她们超越传统，创造出中国女性的浪漫故事。即使她们爱上的男人尽是窝囊之辈，也不枉这一群国色天香不顾一切的情怀。

可惜的是，这些剧作人都是男性为主，戏中佳丽不过是男士们创造的女性形象。

近代心理治疗的发展，对女性的性感尤为重视。因为大部分妇女的心理问题，都是与内心灵欲斗争的不平衡有关。

取悦礼教，就要憋死自己；取悦自己，又可能为天下所不容。为贞节牌坊而活，还是因为通奸而浸猪笼赴死，是古往今来，每个女性必作的抉择。

美国很多畅销书作家，写的都是这种女性的挣扎。代表者如 Erica Jong，几乎每本作品都是描述女性冲破内心枷锁的过程的。

专门研究女性性幻想（Sexual Fantasy）的 Nancy Friday，在她早期一本叫作《我的秘密花园》（*My Secret Garden*）的书中，报道她访问五百多个妇女后的结论。

她说，最常见的女性性幻想，就是在火车奔驰途中，与陌生男子云雨一番的那种飘飘欲仙而又不需要负任何责任的偷情。

可见压抑愈深，想象力愈丰富。

妇女解放给妇女带来新的自由，也带来了很多新的问题。现代妇女的性感世界，其实比过去的更为复杂。

很多人误解新时代的女性，以为只是争取性解放。这些人看到的只是狭窄的性行为，而不是性感。

性感是人的整体，而性行为，不过是锦上添花而已！

性 的 种 种

我在香港的讲座上讲性的问题时,很多参与者跟我说:"你能如此自由地谈论这一方面的话题,一定是因为你在外国居住多年的关系。"

奇怪的是,我在北美作有关性的座谈时,很多外国的参与者也跟我说:"看你对这个禁忌的话题谈得这样自然,一定因为你是东方人!"

黄种人说白种人开放,白种人说黑种人开放。其实,每个民族都有其禁忌之处,研究性爱最有趣的地方,不是性行为本身,而是各人不同的价值观;是在需要处理与性有关的问题时,所产生的各种有趣的反应。

我入这一行工作,其实是一个意外。当年我服务的诊所要求机构内的心理治疗者,都要选择一项专门范围去发展。我的同事把所有热门的专题都霸占了,剩下性爱这一冷门,无人问津。

同事们向我开玩笑:"不如你去做吧!"

我反正没有其他偏爱,就顺水推舟,入了这一门"不能告诉母亲"的行业。

还记得初开始找资料时,十分别扭,去买一本叫作《性之乐趣》(*Joy of Sex*)的书,结果却买了《煮饭的乐趣》(*Joy of Cooking*)。

后来硬着头皮,终于把书买到手,付钱时却忍不住向收银员解释一句:"我是买来工作上用的。"

这个解释实在不妥当,试想什么样的工作是需要动用《性之乐趣》的?

早期有一项工作,是被邀请到一家学校与八九岁小学生做性教育。一群东跑西跳的小猴子,对我准备充足的讲解,毫不起劲。

后来我索性收起教材,与他们交谈。发觉这些一脸天真的小孩子,对性知识的熟悉,比我这位新上任的"专家",有过之而无不及。

其中有一对八岁的双胞胎,特别趣怪,最喜欢鼓励同学交换"咸湿笑话"①(Dirty Jokes)。

小顽皮问:"为什么小尊民数手指,数出十一根来?"

我不解,反问他:"为什么?"

他笑得翻倒在地上:"因为他把小便的东西也当手指一齐数了进去嘛!"

后来发觉,这一对兄弟常在父母上床后,偷偷摸到地下室去打开电视机,看当年很流行的午夜小电影。

其实由三四岁开始,小孩子对性的兴趣就很浓厚,也特别留心大人,尤其是父母的身体。不止看,还爱用手摸。这种对性的兴趣时收时放,视乎家庭管教有多严,直到青少年时,注意力才慢慢集中到同辈的身上。

中国的孩子,一般来自比较保守的家庭,对性的接触较少,但兴趣仍是有的,只是都收藏在心里,很少与人交谈,也没有人可以与之交谈。

我当年与小孩子谈性,被一群小家伙弄得狼狈不堪。大人对孩子的态度,总是希望控制他们的行为。控制不了,就十分沮丧。幸好当时我

---

① 粤语,色情笑话。

有一位十分精明的导师。他对我说:"这一群孩子对你信任,才会这样自由地与你说话。性教育不是行丧礼,不一定要板着面孔才能交谈的。"

他又说:"教孩子,与教大人一样,千万不要把自己单方面准备好的话,一成不变地塞入别人的脑子里,不然的话,那不是教导,而是一种控制罢了。"

其实,一般性教育的做法,都是跟着一定的方程式,只注重教材,而不留心反应。很多时候听众都睡着了,讲者还是不能住口。

有一位父亲与儿子谈话,谈了三个小时,什么都说过又重复,儿子却一句话也不答,他问:"我应说些什么好?"

说了三个小时都没有答话,就应该明白问题不在应该说什么,而是要探索一下,是否你说话的方式,令人无法回应?

小孩子在幼时都活泼多话,但很多到了青少年时就变得沉默。其实,沉默也是一种语言,它表达的东西,要比口中说出来的,来得复杂。说话的愈说愈多,不语的愈来愈变得无声。

二十世纪九十年代的性教育,不再狭隘地只看人的性行为,而是着重一个人由婴儿到老年,整个成长阶段的过程。包括人的行为、思想、感觉,对自己及对别人的关系,总称为性感觉(Sexuality)。

这种学习,当然不能限制于课堂内。因为这是"身教",不是"言教"。

家庭教育,就是身教之一种。那个听父亲训话三个小时而不答话的儿子,从父子关系所学到的,是无声的抗议。那等待父母亲入睡后去看小电影的双胞胎,在家庭得到的讯息是:性是偷偷摸摸的一回事。

心理学家 Sulivan 在二十世纪五十年代就说过:人的个性,大部分是受自己圈内重要人物所影响而形成的。行为派的学者也不断强调:人的行为,大部分是后天"学习"而来的。

这并不等于说，我们可以刻意地用环境去制造一个定型，不然往往会得到相反效果。因为人愈觉得自己被人控制，愈会反抗。

专攻妇女治疗的 Carter，曾在电视台被访问时说："在我成长的年代，女性只有几个就业的选择，我母亲希望我做教师，因此我选择做秘书。"

每个人都需要有"不听话"的时候。Carter 结果还是成了家庭治疗学的名教授。

但是，这其中需要一个过程：她先有了不听话的机会，才可以选择去听话。

如果 Carter 一开始就听母亲的话去当老师，可能一辈子都觉得，只是为母亲效命了。

可见，人生的过程、学习的过程、每个人与其家人关系所经历的过程，其实中西是一致的，只是表达的方式不同罢了。

从我买错《煮饭的乐趣》开始，我自己也经历了一个很长的过程，终于在我的工作单位建立了一个性治疗诊所（Sexuality Clinic），也经历了很多人生百态的个案。下一章再为大家介绍。

塔里的小公主

二十二岁的嘉莲,长得与一般同年的少女无异。可是她一开口说话,就露出马脚。

她说话的声音,比常人高一倍;说话的内容,像个六岁的小女孩。

嘉莲是个弱智的少女。

她的母亲白朗太太,神态庄严。白朗太太押着嘉莲来到我的诊所,因为全市没有一位医生肯答应她的一项要求——施手术使嘉莲不能生育。换句话说,把她女儿"阉"了。

白朗太太十分气愤:"我不明白这是什么道理,做母亲的都不能决定女儿的前途,谁能决定?"

这是一个有趣的问题:谁能决定嘉莲能否生育?

在人权至上的国家,正常人与弱智者的权利是一样的,因此答案很简单:当然由嘉莲自己决定。

嘉莲在什么地方都看似服从母亲,偏偏在这一件事上,宁死不从。白朗太太带着女儿找遍全市,都找不到只听母亲意见不听女儿意见就妄施手术的医生。因为,在这人权捍卫者虎视眈眈的美洲,哪有医生敢去招惹这一麻烦?令白朗太太头痛的地方多的是:嘉莲在一家特别为弱智人士而设的工厂工作，认识了亚翰。两人不只一见钟情，简直一见就难分难解。

据工厂的导师及社工报告：嘉莲和亚翰都有"暴露狂"，不论在工厂的休息室、在屋外的树丛，或在地铁站，两人最喜欢互相脱下对方裤子，身体缠在一起，也不管惹来四周多少观众。

一般美洲人其实不如想象中那般"性开放"，尤其对弱智人士。因此，嘉莲及亚翰两家人，以及工厂上下工作人员，都被弄得团团转，又要跟踪，又要监视。一发现不见二人影踪，立即就搜树丛、巡地铁站。碰上二人在脱裤子，一群人员就立即扑上，有的扯人，有的拉裤子，场面十分热闹。

要改变一个人的行为，时下最常采用的，是"行为矫正"（Behaviour Modifcation)的手法：重点是找出一个人的喜恶，用赏罚分明的方式，去促使这个人以新行为替代原来不良的行为。

问题是，嘉莲最喜欢的，是与亚翰缠在一块，行为矫正专家也无法找到别的令嘉莲更喜欢做的行为，以代替其所好。

人人束手无策，工厂的主管终于带着嘉莲一家，包括白朗太太，以及她的长子罗拔，一起来诊所见我。

嘉莲与家人在一起，像个听话的孩子。

罗拔问她："你为什么要做这样丢脸的事？"

嘉莲说："不做了，以后也不做了。"

白朗太太说："不关嘉莲的事，都是亚翰的主意！"

嘉莲立刻改口："是的，都是亚翰！他老是跟着我，我说不要，他都不停手，是亚翰！"

工厂的主管说："亚翰是个没有主意的人，一切都听嘉莲摆布，他有时连脱裤子都做不来,每次都是嘉莲主动的。"

这种情形,像"罗生门"的故事,各人有各人的说法。不同的是,彼此交换意见的结果,造成罗拔、白朗太太以及工厂主管三人争持不断,嘉莲反而静坐一旁,好像这一场争吵,与她无关。

我向嘉莲做个鬼脸,说:"你真有本领,可以使这三人为你的事吵个不休。你每次都这么成功吗?"

嘉莲得意地点头:"每次都成功,连我哥哥都老远地从郊外赶来参加意见,他平时很少出现的。"

我又问:"他们这种处理问题的方式,对你的情形可有帮助?"

她说:"没有帮助,他们只管骂,亚翰还是老要跟着我。"

嘉莲这一番谈话,一点也不像她平常那一派百事不知的小女孩状态。

我见过很多弱智人士的家庭,发现一个奇怪的现象:弱智的人愈被其他人当小孩子一般看待,就会愈显得弱智。反之,若当他们是正常人一般地与之交谈,他们也常会出乎意料地正常起来。

我继续问嘉莲:"你真的那么喜欢亚翰吗?"

她答:"其实,也不太喜欢,只是工厂里只有他最听话。你有男朋友吗?"嘉莲突然问我,"他听你的话吗?"

我笑说:"看情形吧,如果叫他在地铁站脱裤子,他一定不肯。"

其余三人听到我和嘉莲这种古怪的谈话,都忍不住笑起来。

其实家庭治疗,与心理治疗一样,只是一番谈话,希望借着这一种由观察而引起的谈话方式,能够引发出一个新意境,一种新想法。

因为,嘉莲身边的人,如果只看到她六岁的一面,就自然会想尽方法去控制她的行为,结果人人都累透了,她却无动于衷。

如果他们也看到嘉莲少女的一面，就自然明白她虽然弱智，却也具有一般少女的情怀，对男女关系的向往。

嘉莲那坚持脱裤子的行为，并不是因为她愚笨，而是一种愤怒，一种向环境的控诉。这一种心态与行为，在很多天生不幸或被环境过分控制的人身上，常会发生。

经过一番交谈，罗拔作了一个很好的比喻。

他说："你知道吗？我突然想起塔里的公主的故事。塔里的公主，被母亲关在塔内，不让她与外人接触，但是长大了的少女，是怎样也关不住的。她白天对着母亲一派天真无邪，晚上却放下长发，把所有陌生人都拉上塔来。"

罗拔转向母亲说："嘉莲虽然有缺陷，但是你这一座塔，再也关她不住，再也不能把她当作无知的小孩子了。"

母亲泣不成声，怎样帮助女儿成长，怎样去拆下这一座建立多时的"公主之塔"？

每个家庭都有其一定的形式与定型，好像一座无形的塔，牢牢地罩着这家庭内的每一分子。

子女在成长的过程中，由入幼儿班接触外面的世界开始，以至成人阶段，在不断地尝试爬出这一座塔的界限。

这个过程，心理学称之为"个体化"（Individuation）。一个人的心理健康，在乎这个人在人群中能保持多少"自我"。

"自我"太强，就变成天皇大帝，谁也管不着。"自我"太弱，又会完全迷失了自己。如何保持适当的平衡，真是人与人关系中一件头痛之事。

以嘉莲的一家为例，嘉莲因为天生弱智，母亲在女儿很小的时候已与女儿合二为一，嘉莲到了二十二岁，穿什么、吃什么，仍然全部由白朗太太做主。在母亲的控制下,嘉莲完全失去"自我"。

没有"自我"的人,当然也不会对自己的行为负责,因此嘉莲与亚翰随处脱裤子,愈多人去制止他们,他们愈觉得好玩。

哥哥罗拔,看得出嘉莲的行为,其实是反映了与她母亲的关系。他对白朗太太说:"塔里的公主,始终是关不住的,还是放她出塔吧!"

但是,塔不是一天建成的。我问罗拔:"你们的家,究竟是怎样的一座塔?"

罗拔想了一会,答:"是个人人都想逃出的塔,不止嘉莲应该出来,我母亲都不应该继续守在那里。"

白朗太太面色大变,喝止儿子:"你疯了吗? 我们来这诊所是因为嘉莲的问题,你怎么说到别的事去?"

罗拔说:"你还看不出来吗? 嘉莲的问题,反映的是我们一家人的问题。我们能逃避多久?"

白朗太太绷着面,拉着嘉莲要走,罗拔对我说:"你看,我们家就是这样,触到痛处,立即就走避。"

他继续说:"我以前也是一样,我十四岁就离家出走了。没想到现在四十岁,结了婚,生了两个儿子,自己已经成家立室了,还是走不出老家的规范。"

罗拔说得很对,无论走到多远,我们始终背着家庭的包袱。

白朗太太带着女儿走到门口,见儿子无意跟她走,便靠着门边坐下来。

罗拔说:"我妈这一生就是好强,一切痛苦往肚里吞,从不肯向人倾诉。我们爱尔兰女人都是倔强得像头牛,男人反而比不上。"

他继续说:"我爸爸是个软弱的男人,一生酗酒,醉了就打妈妈打我打妹妹。我忍不下去，十四岁就逃出家门，四处流浪，直到二十岁，又禁不住跑回家去，我抛不下我的妈妈。"

嘉莲突然插嘴："你知道吗？我们住在一座放满死人的房子！"

我以为她又在发什么傻劲，但是据罗拔解释，他们真的住在殡仪馆楼上，白朗先生生前是殡仪馆的负责人，一生不得志，结果酗酒而死。死后，白朗太太却怎样也不肯搬出殡仪馆。

她说："搬到外面，哪有像现在的房子宽敞！"

罗拔却说："你要这么大地方干吗？那房子死气沉沉，我从小就怕它怕得要命。"

原来罗拔小时做错事，白朗先生就把他关到楼下的停尸间，他常吓得尿失禁。大人对小孩子的精神虐待，有时比体罚更为残忍。

但是，孩子是容易宽恕人的，白朗先生临终时，罗拔天天守在他身边，父子终于互相谅解。

罗拔说："我离家时，最惦记的是母亲，没想到回家后，我慢慢开始明白我父亲的悲哀，反而与母亲愈来愈有隔膜。我母亲太强硬了，我关心她，却不能与她交谈。"

白朗太太说："你以为你容易与人交谈吗？你父亲是喝酒把自己喝死的，当时明知救不了，你却不准我们提起'死'字，你不也是逃避吗？"

罗拔说："我知道，我们一家都是逃避情感的能手，因此人人独自苦恼。家不成家。"

我静观母子二人彼此清算两代旧账，觉得没有插嘴的必要。因为旧账是要算的，不论谁是谁非，不算的账藏在心里，会变成无数小刺，把人的关系及亲情刺蚀得千疮百孔。

嘉莲虽然不能加入他们的谈话，却一脸沉重，十分关注母亲与兄长的交谈,可见她虽然弱智,对家中情况却有一定的理解。

但是,罗拔毕竟是怕母亲的,在白朗太太犀利的辞锋下,他往往变得无言,难怪他那般同情他那借酒消愁的父亲了。

我不时替罗拔打气:"你希望你母亲做些什么?"

他说:"我希望她与妹妹搬出殡仪馆,过正常人的生活。"

白朗太太又跳起来:"你自己搬走就算了,为什么要来管我?你有你的家,我只有嘉莲,以后河水不犯井水。"

我问罗拔:"你妻子是怎样的一个人!"

他答:"跟我母亲一般强蛮,她们二人是不能正目而视的。"

他想了一下,忍不住笑起来:"我连娶妻都找个像母亲的人,这辈子都休想逃出生天!"

其实,我们每人都背负着一座过去的塔,不管好坏,那都是我们的一部分。

我见白家,本来是因为嘉莲的问题,没想这塔里小公主的兄长,原来是个不胜负荷的背塔之人。

这一座塔,是永远拆不掉的,有时还会历史重演。只能开窗,让阳光渗进来。

见白家近一年,倔强的母亲,终于软化,与嘉莲迁出那个属于死人的地方,与儿媳为邻。

嘉莲在兄嫂的照应下,也学会自立自主,再也没有随处脱裤子了。

非洲紫罗兰

很多人以为，心理治疗是教导别人怎样处理问题，这是过于简单的想法。

当然有教育成分，但心理治疗不是教学，它比教学有趣多了。

高道行的治疗大师，一般说话不多，也不以为自己对别人的问题有一定的答案。但是他们对人生的种种事情有特别的看法。他们的一举一动，往往给求医者带来新的体会。

与君一席话，茅塞顿开。其中过程有时像与高僧说禅。

现时治疗的派别很多，也有不主张谈话过多的。二十世纪被公认为奇才的 Milton Erickson，是"策略派"（Strategic）的始创人。

他认为，语言所能表达的东西是很有限的。人愈谈得多，愈不能自拔。如果心理治疗的目的是使人有所改变，则少谈为妙。

Erickson 小时在农场长大，有一次见他的父亲拉牛往前，用尽气力，那头牛就是不肯动。

父亲叫 Erickson 来帮忙，他抓着牛尾巴，向相反方向一扯，牛就乖乖地向前走了。

"策略派"的道理，就是怎样找到那一下扯力，令人不知不觉地就范。

因此，Erickson 的治疗个案，都是十分清新有趣的。我最喜欢的，是"非洲紫罗兰皇后"（Queen of African Violet）的个案。

一次，Erickson 到美国中南部一个小城讲学，一位同事要求他顺道看看他独身的姑母。

同事说："我的姑母独自居住在一间古老大屋，无亲无故，她患有极严重的忧郁症，人又死板，不肯改变生活方式，你看有没有办法令她改变？"

Erickson 到同事姑母家去探访。发觉这位女士比形容中更为孤单，一个人关在阴沉沉的百年老屋内，周围找不到一丝生气。

Erickson 是位十分温文的男子，他很礼貌地对这姑母说："你能让我参观一下你的房子吗？"

姑母带着 Erickson 一间又一间房间看去，Erickson 真的想参观老屋吗？那倒不是，他只是想找一样东西！

在这老婆婆毫无生气的环境里，他想找寻一样有生命气息的东西。

终于在一间房间的窗台上，他找到几盆小小的非洲紫罗兰——这屋内唯一有活力的几盆植物。

姑母说："没有事做，就是喜欢打理这几盆小东西，这一盆还开始开花了。"

Erickson 说："好极了！你的花这般美丽，一定会给很多人带来快乐。你能否打听一下，城内什么人家有喜庆的事，结婚、生子或生日什么的，给他们送一盆花去，他们一定会高兴得不得了。"

姑母真的依 Erickson 所言，大量种植非洲紫罗兰，城内几乎每个人都曾经受惠。

不用说，姑母的生活大有改变，本来不透光的老屋，变得阳光普照，充满着色彩鲜明的小紫花。

一度孤独无依的姑母，变成城中最受欢迎的人。在她逝世时，当地报章头条报道：全市痛失我们的非洲紫罗兰皇后（*The city mourns the loss of our Queen of African Violet*）。

几乎全城人都去送丧，以报她生前的慷慨。

这是一个真实的故事，Erickson当年与姑母的对话，我本人不在场，无法证实他们是否如此交谈。但是Erickson的一次探访，就改变了这位老婆婆的下半生，几句轻描淡写的话，就有千军万马的威力，难怪他是二十世纪杰出的一代宗师。

"非洲紫罗兰皇后"的故事，在很多书上都有记载。但是，我却不是在书上读到，而是一个人告诉我的。

这人叫作Stephen Gilligan，是Erickson的几个爱徒之一。我们在一个讲座会碰上，他一个接一个地给我们一小伙人讲述他老师的故事。

Gilligan是在美洲很受欢迎的催眠学家，是"埃瑞克森催眠系统"（Ericksonian Hypnosis）的发扬人。我们原想向他请教催眠术，没想到听着一连串的Erickson故事，却被集体催眠了，醉了。

而最令我心醉的，是Gilligan谈起先师时，面上流露着的那一股仍然充满敬爱的光彩。

我想，Erickson的智慧，也像非洲紫罗兰花一样，在Gilligan心中盛放。而在这短短的一叙中，我也拾起了一束智慧小花朵，好好珍藏。

最近有朋友对我说："我知道自己的内心很不平衡，可是总找不到令我心服的心理治疗师。"

这真是个大问题，尤其是在香港，心理治疗的发展仍在初步发展阶段。因此，我把自己拾起的小紫花拿出来，分给她，分给你！

分给每一道重幕深垂的窗户，让所有不见阳光的角落，都会找到一盆富有生命力的非洲紫罗兰！

怎 样 除 魔 怪

朋友知道我在写《家庭舞蹈》,对我说:"你要知道家庭的故事吗？让我告诉你一个故事……"

她刚听完母亲的长途电话,正想找人泄泄气。

我朋友自从弟弟由多伦多搬回香港与父母居住后,每两天就接到母亲的电话投诉。

她弟弟是家中唯一的儿子,上面两个姐姐,以我朋友居长。一般中国家庭,长女总是负上一半母亲的责任。因此,姐弟三人一同上大学,母亲吩咐弟妹都要听姐姐话,弟妹各人成家,生孩子,大家姐也以长辈身份,常加训导。

父母有如此称职的女儿,当然可以放心去宠爱幼儿幼女。父母愈溺爱两个小的,姐姐愈管得严;姐姐愈管得严,父母愈溺爱。

这个情形,渐渐养成一个奇怪的局面:弟妹最怕的,不是父母,而是姐姐,他们反叛的对象,也是姐姐。

朋友发觉自己花了很多心血,不但不讨好,反而成为家中的"大恶人",十分生气,发誓从此不问家事。

但是,她真的能够辞去这份做了近四十多年的"工作"吗?

当然不能！

弟弟惯于养尊处优，事事不用费心，结了婚也不能改变，加上自小在大家姐的控制下，学会事事计较，老怕自己吃亏。他妻子忍无可忍，终于提出分手。

失掉妻子儿女的弟弟，当然第一件事就是回家向父母诉苦。埋怨的对象不单是离婚的妻子，还有那不加援手的姐姐。

一向保守的父亲，站在儿子一方，教训女儿："你怎能如此缺乏亲情？弟弟被那恶女人害得无家可归，你怎能不支持他？"

我朋友说："弟弟住在豪华公寓，天天有专人打扫，日子不知过得多安乐。需要支持的是分居后的弟妇，一个人带着两个儿女，弟弟连法庭判定的赡养费，都迟迟不交。"

父亲气道："那恶女人不受点苦，怎会知道回头？"

朋友也生气："她为什么要回头？有这样窝囊的丈夫，早走早好。"

父女从此不再通话，急坏四处拉拢的母亲。妹妹当然不甘寂寞，乘机向父母数落姐姐一番："我早就对你们说过，姐姐是最不近情理的人！"

幸好我朋友住在多伦多，她的父母及妹妹住在香港。电话交谈有个好处，话不投机，立即可以把话筒挂掉。

这个僵局维持了一段日子，直到本来住在多伦多的弟弟辞去工作，决定回香港与父母同住。

他走的那天，我朋友对我说："他是不想付赡养费而已。这次搬回家去，看我父母怎样忍得住他！"

果然在几个星期后，朋友就收到母亲的投诉。

朋友的父母是白手起家的人，建立了一间小规模的公司，他们都是七十多岁的白发老人，一心盼儿子回来可以继承家业，没想儿子天天睡到午膳时分,对父母的生活习惯、起居饮食,以至公司经营手法,一一批评,却毫无贡献。

父母虽然思想传统,却都是富有生意经验的明眼人,知道这回糟了:他们请来的不是心目中那个在外面饱受折磨的回头浪子,而是一头好吃懒做全无责任感的大魔怪(Monster)!

父亲气得一言不发,不停生病,母亲周旋在两个男人之间,尽量缓和气氛,保持一派和平状态。

我朋友的电话当然又忙起来!母亲一面向女儿诉苦,一面却又乖乖地侍奉儿子。女儿急得不停向母亲提供办法。母亲频频答是,过后又继续以老方法办事。

每个家庭成员与成员之间的维系方式,是很奥妙的,一环扣着一环,扣得天衣无缝。

难怪有好几派家庭治疗的学说,都叫人千万不要向人多出主意。因为无论主意多高深,总是风过耳的成分多。

怎样捉魔怪,正是我老师 Minuchin 的拿手好戏。他的个案中,有很多是针对这一类把家人弄得全无办法的"魔怪"(Monster)的。

Minuchin 说:"如果你留心观察家庭关系的每一环节,你就会发觉,魔怪的形成,是有一定模式的。"

一般魔怪,都在家庭内有特殊地位,像我朋友的弟弟,自小就使得家中上下人等围着他团团转,为他处理一切事,却对他毫无要求,姐姐对他的管教,大都落在其他家人为他围起的保护网外。

魔怪的悲哀,就是永远长不大,朋友的弟弟四十岁,心态却像个六岁的孩子,因此他完全意识不到父母已经七十岁。年老的父母,心中虽然失望,却仍然尽量保持儿子的特别地位,继续令他安枕无忧。

Minuchin 的治疗方式，就是先把保护网拆去，魔怪的地位不保，就不能继续作恶，被迫要负起成人应负的责任。

除魔的道理很简单，过程却十分吃力，所以最好还是不要养成魔怪。

最近，听另一朋友说，她在澳洲念大学的儿子要买一部跑车，丈夫认为太贵，儿子就生气，妈妈十分苦恼，设法帮儿子向丈夫求情。

我心想：糟糕，另一只魔怪又在成形了。

第 一 号 儿 子 的 悲 哀

十五岁的亚力坐在母亲身旁，紧张地观察那置在墙上的摄影机，他的父亲坐在儿子对面，神情与儿子相同。

Minuchin进入诊疗室内，向这一家人解释："这部摄影机，将会摄录我们的谈话过程，留作大家参考。如果你答应，我会将这录影带留为教材之用。如果你不愿意，我们就把它洗掉。"

这是纽约家庭研究中心的诊所，时间是星期三上午，家庭治疗大师Minuchin通常作示范讲学的时间。

我们一群人，包括诊所的教授，十多名Minuchin的入室弟子，以及数位来自世界各地的慕名拜访者，坐在诊疗室的单面玻璃镜（one way mirror）后面，留心观察Minuchin及这一家人的一举一动，这是一个难得的学习时间。

被观察的家人知道我们的存在，却看不到我们。

这一切与往常没有分别，唯一不同的，是亚力这一家是住在纽约的中国人。

纽约是心理治疗的圣地，各家各派，十分热闹。因此，做心理治疗不是丑事。由于费用昂贵，很多人还视之为一种专有地位的象征（status symbol）。

奇怪的是，中国人接受治疗的比例，少得可怜。这一家人，本来是Minuchin 一个学生主诊的个案。Minuchin 已处于半退休状态，只会接见他学生带来的特别有难度的案子。

主诊的加利医生说："我见了这家人近一年，却完全摸不着头脑。这一家人表面看来，十分友善，但骨子里却充满危机，亚力已经多次留字声言要自杀。他的家人虽然担心，却又若无其事，真叫人不知从何入手。"

这一家三口，父母都是受过大学教育的人，在美国定居多年，亚力是典型的"ABC"①（American Born Chinese）。

父亲首先发言，他说他最近生意失败，家中经济陷入困境，他感到十分消沉。

他说话缓慢，很小心地选择每一个用字；母亲听着丈夫说话，眼睛却盯着儿子，一面用手整理儿子的头发，一面用广东话吩咐儿子坐好。

她说："我和丈夫都在香港长大，没有经历过美国青年人的生活，因此，我们不了解亚力这个在美国长大的青年人，更不明白他的苦恼。"

亚力却说："我最大的苦恼是我的妈妈，她唠叨个没完，每句话都必要说三次以上，家里满是她的声音。"

母亲连忙反驳："我不是这个样子的。"

母子互相埋怨，父亲看着，却插不上话，完全像个外人。

Minuchin 问他："你儿子知道你最近生意失败吗？"

父亲答："不知道。我很少跟他谈心事。"

亚力说："当然知道，我在房内常常听到他们在争吵。我们是十分敏

_____

① 是一种非正式有些调侃意味的说法，通常指在美国出生的华裔后代。——编者注

感的。"

Minuchin 继续问父亲:"亚力所指的'我们',好像只包括他和妈妈,没有包括你在内。"

父亲说:"他跟妈妈亲近一些,我太太认为照顾儿子是她的责任,不用我多管。"

母亲答:"当然是我的责任,他是我最重要的人。"

Minuchin 问:"比你丈夫更重要?"

母亲答:"可以说,在我们家,亚力第一,丈夫第二,我第三。"

Minuchin 问亚力:"你为什么要自杀?"

亚力说:"我觉得,只有死掉,才能摆脱我母亲对我的控制。"

母亲说:"我知道你什么都怪我不是,你有没有想到,我所做的一切都是因为爱你,想你好!"

爱,真是一样最难令人理解的东西。在亚力的家庭中,母亲的爱,竟叫儿子舍命而逃。

难怪加利医生束手无策,亚力已经好几次试过跳火车、跳地铁轨。功课由一等变成不及格,但是一家人谈起这些十分严重的事情,却给人一种毫无紧张的感觉。

打扮入时的母亲,无论是谈论儿子的自杀或丈夫的失意消沉,脸上总是带着惯例性的笑容,好像这笑容能减轻事情的严重性。

父亲却面无表情,似乎所有发生的事情,与他没有直接关系。

在这种绝对逃避的气氛下,Minuchin 十分明显地设法加强室内各人的警觉,他对一直在旁静观的加利医生说:"我看,如果亚力的父母维持现状不变,那亚力迟早会丧命。"

母亲听后面色大变。

Minuchin 继续说："母亲坚持儿子第一（No. 1 Son），但她不知道，当了第一号儿子，就要同时承担家里所有不能表达的情感，所有的失意及期望，所有爱的压力或恨的抑制。第一号儿子实在不好做，不论在美国或中国，这是一个令人不能动弹、没有自由的位置。"

亚力感激地望着这位能够道出他心声的智者，说："我其实很爱我的妈妈，只是受不了她给我的压力。"

Minuchin 说："当然，你对母亲是爱恨交加。其实，我看你也不自觉地模仿着父亲。你看，他生意失败，你也成绩下降，他意气消沉，你也留字要寻死。你虽然在美国长大，但你说话的神态举动，与父亲一模一样。"

父亲插话："在亚力还未出世时，我就知道自己与太太的生活习惯有很大距离。她需要把一切生活细节控制得井井有条，我不喜欢与她冲突，一切跟着她走。"

母亲说："我与丈夫很难交谈，因此，把所有精力都集中在儿子身上，没有人知道我的苦痛。"

Minuchin 说："你的儿子知道。他生活在你们两人那无言的冲突中，已经十五年，历尽你们的不欢与落寞，他觉得只有死掉，才能摆脱。亚力是忠于家庭的孩子，他不是时下美国长大的青年。"

室内三人静思不语，从面上表情，可见他们真情流露，显然在重新衡量彼此间的互相影响。

怎样协助亚力摆脱家庭的无形枷锁？怎样令母亲从丈夫身上获得安慰，不再把整个心系在儿子身上？怎样使父亲负起丈夫的责任，不再把儿子放在丈夫的地位？

这一家三人复杂交错的关系，加利医生在 Minuchin 这次示范后，仍需继续逐步处理。

第一号儿子的悲哀，并不止亚力一人。

在我们很多中国家庭里，有很多对婚姻失望的妻子，总是把全部精神，寄托在儿子身上。

为了维持这个传统，不知多少第一号儿子被牺牲了。

不 停 话 的 人

十五岁的儿子对母亲说:"你每句话都要说三次以上,我实在受不了。"

母亲答:"我全为爱你,关心你!"

类似的对答,经常发生在父母子女身上。

遇到这种情形,身为子女的总会站在十五岁儿子的一方。因为所有子女都必然有过认为父母太过噜苏的想法。身为父母的却会同情母亲的苦处,因为即使最通情达理的父母,都有忍不住将话题重复又重复的时候。

我观察过很多家庭辅导者的工作,发现年轻或未婚的辅导者,都会教训母亲不要噜苏,而身为父母的辅导者,又常会叫儿子听话。

这真是有趣的问题。

其实,不停话的人有很多种,都是基于心中的不平衡。最常见的,是父母的噜苏。这是出自一种紧张,一种放心不下。于是心到嘴上,不能住口。

父母的训话,很多时候是说来让自己安心,不是说给子女听的。

因此,天下无不噜苏的父母!

没有父母噜苏的子女，也不一定是世上最快乐的人，说不定他是个失家的孤儿。

但是，也有一种属于病态的不停说话，叫作强迫性讲话的人（Compulsive Talker），患者多是内心有解决不了的情绪，别的人会借助酒精、大麻——他们却借着连珠话语，以发泄心中的矛盾。

在我就职的一家诊所就有这样一个人，他是国际有名的遗传学专家，但是我们同事要找他讨论什么事情，都得预先安排逃走之计，不然进了他的办公室，就要被他的话重重捆住，逃之不得。

一次，我拿着一杯热咖啡，在电梯内碰上他，被他连人带话，逼到角落，咖啡倒了一身，烫得我哇哇大叫，他却毫不察觉，继续他不停的独白。

这位专家外表看来是个好好先生，但是另一位专作心理分析的同事却说："不停说话的人其实充满侵略性，用声音来占领所有的空间。"

想想也是，把人逼到墙角，然后不停向你喷口水，这不是恶意是什么？

寂寞的人，也往往会不停说话。

有一位相识多年的老朋友，他独居荒野，积了一肚子无人相谈的话，每次见面，我就要听他说——事无大小，一宗又一宗的工作生活、做人吃饭、拉屎撒尿流水账。

全部独白式的说话，别人又不能插嘴，惯于独处的人只会说故事，没有对话与交谈。

因此每次见面，我都被迫做听众，心中愈来愈苦恼。

他作诗，诗中有"千言万语却无言"之句。但在现实的相处里，却是千言万语剪不断，理还乱。

好在我的老朋友最近结婚了，有美人在旁，不再需要外间的听众，话就变得简短生动,彼此又可以交谈了。

然而,夫妇间的不停话,又是另一种景象。

我立即就想起葛林太太来。葛太太三十多岁,有个五岁的女儿,患有自闭症。她抱着女儿终日奔走,四处求医,不但女儿的情况没有改进,她自己也弄得魂不附体。

但这不是葛太太来见我的原因,她见我是因为与丈夫的问题。

葛太太说,自从女儿出生后,丈夫就很少亲近她。

听葛太太的陈述方式,不难想象她夫妻间有问题。她也是一连串地不停说话,全无休止符。无论她说什么,我听到的都是一连串快板的神经紧张,大有令人坐立不安的效果。

也不知道到底是葛太太神经紧张而弄到夫妻关系不调和,还是夫妻关系不调和造成她神经紧张。无论鸡先抑或蛋先,总得令她放松一点,才有改进的希望。

但是叫葛太太减少说话,不如叫她绝食。加上她想丈夫与她亲近,想得发狂,因此夫妻每次同游,无论玩得多开心,她都在等着最后上床。

上不了床,整个烛光晚餐及款款深谈只令她淡然无味。这种心态,当然把夫妇之间的关系愈弄愈糟,而葛太太的话也愈来愈多。

那时是我在学习"策略派"(Strategic)的治疗时期。因此想了一个计谋,要葛太太早上趁丈夫上班后,对着录音机把所有要说的话说个痛快,然后插上耳机,听一次自己的说话录音,把所有要说要听的话,及与说话有关的动力,尽量消耗,好让她与丈夫相对的空间,不再尽被她的声音霸占。

又建议她转移目标,集中精力在晚餐上,以食代色,先做些夫妻两人都能共享的活动,以便减除上床的威胁。

两个月后，葛太太兴高采烈地跑来见我，她说她听了我的话，不单对食物产生极大兴趣，还特别去学法国餐，认识了一个法国大厨师，有了一位"下午情人"。

食色性也，葛太太找回人性，不单说话动听，人也变得美丽动人。

寄语嫌妻子噜苏的丈夫，如果一旦发现不停话的枕边人变得温柔美丽，才真有令你担心的份儿！

Medea 的 故 事

看过希腊神话的人,都会知道 Jason 盗取金毛羊这个故事。

但是很多人不知道,协助 Jason 盗取金毛羊的女子 Medea,却是个比 Jason 更为传奇的人物。

Medea 为了爱情,不惜背叛父亲,帮助 Jason 由父亲处夺得金毛羊。她拿着这件宝物与爱人逃奔时,又带走她的亲生弟弟。

父亲迫近时,她就把弟弟杀掉,一块一块地丢下弟弟的碎尸,让悲痛的父亲忙着收拾儿子的尸体,以至阻慢追兵。

Medea 后来成为 Jason 的妻子,生了两个儿子,在希腊的 Corinth 定居。

但是 Jason 移情,娶了 Corinth 的公主。被抛弃的妻子哀痛欲绝,决意报仇。

她首先让两个儿子带着沾了剧毒的衣冠,送给自己的情敌,Corinth 的公主穿上了这一身咒衣,立刻被剧毒焚烧惨死。Medea 知道 Jason 一定会来找她算账,便在 Jason 尚未到达之前,亲手把自己亲生的一对儿子杀掉。

因为她知道 Jason 最宠爱这一对儿子。把儿子杀死,是对自己痛恨的丈夫一个最大的报复。

这一个为爱情而杀弟叛父，又为报复丈夫而杀戮儿子的母亲，究竟是个丧尽天良的女子，还是个爱得尽恨得绝的奇人？

Medea 的故事，早期意大利名导演 Pasolini 曾经拍成电影，并由歌唱家 Maria Callas 饰演 Medea。Callas 整部戏没有唱过一句歌，话也说得极少。但是她那张镇得住数千观众的脸，把 Medea 的形象，表现得深刻传神。

有关 Medea 的剧作，现在仍留存着生于公元前四百多年的剧作人 Euripides 的版本里。

最近在纽约上演的舞台剧 *Medea*，就是用最旧的版本，以最现代的手法，搬上舞台。

心理学的研究，与希腊神话是关系密切的。希腊神话故事中的许多人物，往往代表人的某种心态。

因此，我当然不会错过这台由 Diana Rigg 主演的话剧。

Euripides 的剧本写于二千多年前，想不到在这现代戏台演出，仍有万马千军的力量，每一句台词，深深地打入观众的潜意识，唤醒每个人心底各个黑暗角落，各种复杂深藏的情绪。

Medea 是个最狠心的女人，也是个最悲痛的女人。没有一个女人比她的哀伤更重，剧终时她双手滴着儿子的鲜血，独自走上完全失落的旅程。

观众着迷似的站立起来，澎湃的情感化作如雷掌声，久久不能散去。

希腊剧在心理治疗的发展史上，占有很重要的地位，因为，舞台是一个很有效的治疗媒介。剧中人的一举一动，往往把观众心中无法表达的情感，带到一个特别的空间：为你哭、为你笑，为你被出卖的愤怒呐喊，为你呼出原始而秘密的情绪。

光是坐着看别人表演，都有这种令人感情激动的力量，因此，有几派心理治疗法，例如以 Morino 为首的心理剧（Psycho Drama），就特别制造一个治疗的舞台，让参加治疗的人在台上亲自演出自己的故事，以求达到手之舞之足之蹈之的自由。

我们相信，一个人能够自由表达自己，是心理健康的表现。精神有毛病的人，内心大都重重打结，情感不能舒畅，当然也无法表达出来。

看 Medea 的舞台演出，是一种令人情感冲击的体验，尤其是 Diana Rigg 的演出，充满爆炸性的爱与恨，她与 Jason 夫妻间那种不顾一切的互相毁灭，同时勾起我们每个人都具有的一种毁灭心态。

当 Medea 决定要手刃儿子的时候，她说："一切都已经决定，再也没有回头的路。我决不能让心爱的儿子落在他人手上。"

"我给了他们生命，就让我把生命取回。"

然而，望着一对纯洁得像天使的小童，她又心如刀割："我怎能夺去他们的人生旅程，我怎能背叛他们对我的信任？"

当 Medea 在台上像野兽似的挣扎于内心的矛盾时，台后作旁白的声音纷纷议论：

她疯了吗？她疯了吗？

她没有疯，她没有疯！

希腊剧的形式，常会在台后加插一小群人对台上的演出作反应或旁白，称为希腊合唱团（Greek Chorus），作用是为剧中的情绪带来更多层次。

米兰家庭治疗中心，在诊疗时总是让一小群人在单面玻璃镜后观察疗程，然后发表意见。这种治疗形式，就是借鉴于希腊剧的旁白作用，目的也是希望增加问题的层次。

Medea 是个多层次的女人，她的复杂，也显露出每一个女儿、妻子，以及母亲的复杂。

从个人角度来看，她是个完全忠于自己感情的人。她不是疯了，疯了就不会有感觉，她比疯子更受感情的燃烧。

从家庭的角度看 Medea，悲剧却不是她一人造成的，她的丈夫 Jason，起码要负一半责任。

其实，很多家庭因为夫妻不和，都不自觉地牺牲了子女。很多父母虐待儿童的个案，都与夫妻间的问题有关，即使一般正常家庭，也不时会或多或少地把儿女卷入父母的漩涡。

Medea 的希腊悲剧，在中国也必然有另一个版本。

恋 鞋 的 人

人的性行为中,恋物癖(Fetishism)是很有趣的一项。

患上恋物癖的人,对性爱本身的兴趣,反不如对某种物体或身体某一部分的兴趣大。而恋物癖中,又以恋鞋癖(Shoe Fetish)或恋脚癖(Foot Fetish)最妙。

试想想,假如你发现令男友倾倒的并不是你本人,而是你穿着的一双鞋子或你的一对脚板,你会有多大的惊异!

但是,恋鞋恋脚的人实在不少,又以男性为多。例如灰姑娘故事中的王子,分明是个恋鞋狂,不然他怎会拾着一只鞋,就发誓要娶任何一个把脚穿得进鞋中的女子?

不知道灰姑娘穿几号鞋? 她的神仙教母必定有先见之明,一早就看出王子认脚不认人,才会想到玻璃鞋的主意。

我也治疗过一个恋鞋的青年。

亚祖二十八岁,游手好闲,对什么事都没有兴趣,却是见了女性的脚,就禁不住要动手去摸,被人几次告上法庭。

因此亚祖的感化官,以及他的父母,三人连拉带推地把亚祖扯来见我。

据称,亚祖自小就喜欢爬在鞋堆中,到十多岁时,仍是见鞋如见宝,尤其是女人的鞋。

一次,他在逼仄的公共车内,突然蹲下,用手抚摸女乘客的脚部,乘客哇哇叫"非礼",亚祖却辩说丢了钥匙。

这就是亚祖第一次的法庭纪录。

亚祖的父母带他见过很多专家,证实他有恋鞋癖。但是如何起因、如何治疗,可没有具体的解说。

事实上,很多令人难以想象的性行为,我们仍然不知道其因何在,只知道是与一个人的性发展有关。因为与常人不同,我们笼统地称之为"性偏差"(Sexual Deviance)。

其实,"性偏差"种类繁多。单是"恋物"一项,就花样百出。除了鞋与脚外,有人恋头发,有人恋内衣裤(尤其是曾经穿过的那种)。最奇怪的是,竟然有人恋四肢不全的人体。这种人对"不完整"的人体有特别的遐想,缺了手缺了脚的人,才能激发他们想入非非。

美国有个天生只有躯体没有四肢的女人,就是嫁给了这样的一位丈夫,各适其好,真是天作之合。

相比之下,恋鞋恋脚,就不是那么出奇的一回事。

其实很多"恋物"的倾向,只要于人无害,可当作怪癖来看,无治疗的必要。尤其是当患者不想放弃癖好的时候,更加没有治疗的可能。

因此,我对着亚祖一家人,加上亚祖的感化官,实在头痛。

这种情景,最焦急的当然是父母,白太太是一家大公司的人事部主任,衣着谈吐,都是井井有条,然而循规蹈矩的母亲偏有个异常的儿子。

她说:"我不知道自己做错了什么事,生下这样古怪的儿子。他是故意想把我气死!"

看来气得要死的却是白先生，他双目冒火地瞪着我说："我们见过太多专家了，一次又一次，没有人能给我们任何解答，每次都是白费时间！"

感化官也是等着瞧我！

母亲怪儿子，父亲怪专家，偏偏亚祖就若无其事地静静坐着，好像整件事与他无关，最妙的是人人说话转弯抹角，谁都忌讳，不提鞋子的事。

怎样使这一群人面对需要处理的问题？我心生一计，把自己的鞋子脱下来，交给亚祖，问他："你喜欢我的鞋子吗？"

亚祖没防备，接了我的鞋子，又立即把它放在咖啡台上，忙说："不喜欢，不喜欢！"

我又问："你嫌它不好看吗？这是意大利造的，我倒觉得款式不错。"

在崩口人前大谈崩口碗①，室内各人面色紧张，十分不舒服。

我不理他们，继续与亚祖交谈："亚祖，你其实喜欢鞋还是喜欢脚？这是两件不一样的事，你知道吗？"

亚祖被我弄得好奇起来，反问我："是吗？怎样不同？"

我说："鞋是鞋，脚是脚，当然不同。例如前度菲律宾马科斯夫人拥有三百多双鞋子，很多人都说她是恋鞋狂。对她来说，鞋比脚更刺激；而恋脚的人，却认为脚的本身才是最吸引人的，你是哪一种？"

亚祖倒认真地想了一会，答："我最喜欢是鞋子在脚上一穿一脱的动作，你明白吗？像这样……"他用手比划。

我问："这样说，你是行动派？"

亚祖答："可以这样说！"

---

① 粤语，意为在裂了唇的人面前大谈缺了口的碗，分明就是讥讽对方，哪壶不开提哪壶。——编者注

我说:"可是你有机会接触到那适当的一刻吗？我想,在公共车内很少人把鞋子一穿一脱吧!"

亚祖说:"机会是不多,但公共车行走时本身有一股震动力,也会增加快感的。"

我与亚祖谈话,其实大部分是说给他父母及感化官听的,目的是希望他们习惯以轻松一点的方式,来正视亚祖的怪嗜好。

尤其是白先生夫妇,我想,他们在第一次听到儿子"恋鞋癖"时,就被这名词吓僵了——根本没有想到这症状本身不是大问题,问题是儿子完全没有责任感,不肯过正常生活,而且每次被告官,受罪的是他父母,亚祖装疯卖傻的,很容易就把官司打发掉。

我继续对亚祖说:"你的父母可能不知道,恋鞋也好,恋脚也好,这种嗜好虽然古怪,本身却并不碍事,只是你已二十八岁,难道想这一辈子就在女人鞋堆中过掉?"

"或在监狱中过掉?"感化官赶快加一句。

"亚祖,"我乘机说,"你想做个坐牢恋鞋癖,还是个自由的恋鞋癖,将是你自己的抉择。"

亚祖面色首次显得沉重,低头不语。

白先生是个聪明人,他终于对我说:"我们一直被亚祖的症状困扰,不明白怎的生了个只知道抓女人脚的儿子,今天倒弄清楚了,亚祖的问题不是因为他有恋鞋癖,而是他知法犯法。"

白太太也说:"其实我们也有责任,亚祖无论做错了什么事,我们都为他解释,说是他有病之故,反而把他宠坏了。"

我舒一口气,这一宗个案的疗程总算顺利。见了白家一共八次。亚祖后来在一家鞋铺找到一份做售货员的差使,天天为女士们穿鞋脱鞋,可以想象他一定工作得十分卖力，再也不会听到他惹上官司。

自此以后，我每次入鞋铺时，都不由自主想起亚祖：每次遇上服务周到的售货员为我穿鞋脱鞋，我都赶快谢绝。

几天前看到一篇写中国女性缠足的文章，我想：我们国家也一定有过不少恋脚癖的人，不然怎会有三寸金莲的传统？

是 男 是 女?

男孩子问妈妈:"为什么妹妹没有小便的东西?"

妈妈答:"因为你是男的,妹妹是女的。"

是男是女,我们在婴儿呱呱落地时就会清楚。但是那婴儿本身怎样知道自己是男的还是女的,却是一个十分有趣而又常会节外生枝的过程。

性别认同(Gender Identity),是每个人心理发展的一个重要步骤,主要是指一个人内心对自己是男是女的一种感应与醒觉。除了"小便的东西"外,还有很多十分微妙的心理因素。

很多心理学家认为,性别的形成,有时后天的影响比先天的决定更大。例如:男孩子玩枪,女孩子玩娃娃。

试想想,这种爱好是天生的,还是因为每个人都预料男孩子爱枪,女孩子爱娃娃,因此就自然形成男孩子爱枪,女孩子爱娃娃的认知?

又例如,男儿流血不流泪,是真的因为男人生来比女人坚强,还是基于一种传统的信念,造成这种男人的固定形象?

其实,男女所扮演的性别角色(Gender Role),大部分都受家庭及社会所定型,而这些角色,又不停地随着社会的转变而改变。

性学专家 John Money 尤其相信:如果把一个男孩子当女孩子教

养,他长大后就会相信自己是个女孩,即使他的生理结构仍是个男孩子;如果把一个女孩子当男孩子教养,她成长后也会同样相信自己是个男孩。

Money 这个说法虽然有趣,但是一般专家都认为情形不是这样简单的。因为,其实每一个人都会同时拥有男女的性格,多坚强的男孩子都有想哭的时候,多柔顺的女孩子有时都会生气得要揍人。每个人在成长期间,都会经历这两种性格内在的冲突。

性别认同,本来是个充满矛盾的过程。

《霸王别姬》这一部电影,对一个男孩子的性别认同,有很深刻的描写:剧中主角在少年学习青衣时,其中有一段好像是《陈姑追舟》的曲词,小姑娘被迫剃头后,生气地唱道:"我本来是个女娇娥,又不是个男儿郎。"

但是,学演陈姑的却分明是个男孩子,他每次唱到这一段时,总是很自然地就说:"我本来是个男儿郎,又不是个女娇娥!"

这个小学徒被师傅打得头破血流,体无完肤,但是每次唱到紧张关头,仍然不能把"男儿郎"变成"女娇娥",仍然说:"我本是个男儿郎!"

到他终于把曲学成,有声有色地唱出"我本是个女娇娥"时,他内心一直以来的挣扎,那种不知道自己是男是女的混乱,也同时达到一个定型:他所认同的性别不是男,也不是女,而是一个剧中人物——虞姬!

中国舞台上这种非男非女的暧昧性别,是一个很引人入胜的心理现象!

性别认同的研究范围,还有一个很令人费解的现象,就是变性(Transsexual)。

变性的人,总觉得自己生理的性别,与心理所认同的性别不能一致,有一种被误困在一个"错了的躯体"的感觉。

变性的故事中,我觉得以 James Morris 的经历最为感人。

James Morris 是第二次世界大战的著名随军记者,也是第一个随爬山队征服喜马拉雅山最高峰的报人。他曾获普利策奖,是英国名作家,结婚二十多年,有四个子女。

从任何角度看去,他都是个十分男性化的成功人物。但是在他四十岁那年,James Morris 变成 Jan Morris!

James 变成 Jan,其过程十分曲折,原来 James 从小就觉得自己应该是个女的,不能接受天生的一个男儿身。

他说,他小时候每晚祷告,祈求上帝让他回复女儿身。

长大后,他努力做所有男人应做的事,希望自己能安定地做男人。但是无论他做男人做得多成功,他总感到有缺陷,感到自己是"活在一个谎话"中。

这种感觉愈来愈强烈,觉得非做女人不成。

他也多次接受心理治疗,都无补于事。所有心理治疗专家都认为,如果他的身体与思想不能一致,就应该让思想去接受身体。

终于遇到一个明白他苦心的心理医生。这位专家认为,如果一个人的思想,真的不能接受自己的身体,就将身体改变去配合思想好了。

这个改变身体以配合性别认同的想法,是现在一般处理变性的标准。

但是,James 变性的过程,费时十年,他的医生要他先在一个小镇以秘密身份尝试过女人的生活,同时接受荷尔蒙注射,若十年后,他仍然选择要做女人,才肯给他正式做手术。

幸好 James 的妻子对他十分谅解,丈夫变成"嫂子",但几个儿女却不能接受爸爸变成"阿姨"。

一个人为什么会千方百计地宰割自己的肉体去改变性别？目前仍未有一致的答案。幸好每十万人中，才有一个人想变性。

但是，如何协助一个孩子决定将来要扮演怎样的男女角色？一般专家都认为，最好不要过于古板，男婴不一定要穿蓝色，女婴不一定要穿粉红色衣服。

男女虽然有别，但男女角色的伸缩性愈大，人的个性发展就愈丰富。

两 个 要 做 女 人 的 男 人

一个男人为什么要变做女人？一个女人为什么要变做男人？

这真是令人难以理解的一回事。尤其是变性的手术十分复杂困难，先得把本来的生殖机能部分，割得七零八落，然后重新构造。

男变女，当然要把"命根子"割掉；女变男，手术更为高深，怎样无中生有地装上男生殖器，还要使它收放自如？

肉体上，要经历苦痛，变性后又怎样作心理上的适应？单是上男厕或女厕这样简单的事，都要重新考虑，重新学习。男女有别，这个分别，平常人都已经习惯了，但是对刚变性的人来说，这个分别却是大得令人难以捉摸。

因此，变性不单是改变性别，其实是改变一个人本来活在其中的男人或女人的整个世界。

这么困难的事，为什么竟然有人会选择去做？心理学至今仍然没有办法解释，只有把它列为一种强迫症（Obsession）。这个名称，主要是指一些一般人无法理解，而当事人又非做不可的行为，例如不停购物，也可算是"强迫症"之一。

但是，不是每个想变性的人，都真的会去变性，每个变性诊所都是询问的人多，到最后决定行动时，往往只是数人。一方面也是因为一旦动了手术，不能后悔，不能男变了女，又嚷着要变回男人去。这是一件非三思而后行不可的事。

其中，也有一些是闹着玩的，我自己就见过两宗这样的个案。

亚克的个案是其中一宗：二十八岁的亚克，长得肥头大耳，不是个会令女性倾倒的男人。他与母亲及妹妹同住在多伦多市，一家三口都是靠救济金过活。

亚克无所事事，终日在色情商店游荡，社会福利署催他找工作，催得久了，亚克就对他的社工说："不是我不想找工作，只是我不想做男人，我决定要做女人去！"

多伦多市的变性诊所，设在克拉克机构（Clake Instiute），亚克去过几次，但是他们一见这衣冠不整、说话糊涂的污秽男子，分明不是变性的材料，总是设法把他哄走。

结果亚克的社工把他带来见我，看我可有其他主意。

我看亚克这个模样，可以想象他变成女人后会有多惊人——这当然是我们所谓正常人的偏见，没有法律说女人一定要比男人好看的。

只是，如果亚克要经过那么困难的手术才变成一个丑女人，还不如整容变个漂亮一点的男人，来得划算。

后来证实，原来亚克并非真的想做女人，只是他一辈子被女子拒绝，没有女人肯接受他，因此心生一计，以为如果自己变成女人，就可名正言顺地混在女人堆中。

这种接近女人的方法，真是苦肉计！但是亚克后来发现变性需经的各项手术，吓得立即失踪。我再也没有见到他。

我的第二宗变性个案，当事人是一个叫作亚察的男人，三十九岁，由于智商不高，只能在一个有专人管教的工厂做些压力不大的工作。

与亚克一样，亚察也是个不受女人欢迎的男人，但是亚察接近女人的方法，却比亚克高明。

工厂请了很多做辅导工作的女社工，亚察看上他的辅导社工秀丽。

他对秀丽说："我不能忍受我的生殖器，我要把它割掉。"

秀丽吓了一跳，立即对亚察展开辅导工作。此后他们每次见面，都是谈及亚察要除去男性生殖器的各种详细讨论。

亚察跟着又对秀丽说："我不想穿男人衣服，我要去买女人胸罩及内裤!"

秀丽怕他闯祸，赶快陪他上商店，假装是她自己要购买内衣裤。

这么闹了半年，秀丽与她的上司商量，决定要求克拉克机构为亚察作诊断，看他是否需要变性。

克拉克机构知道我的诊所专见弱智的人，便把亚察转介给我。

会面时，秀丽拿着一大叠她与亚察谈话的记录给我看，我接过一看，全是各种性幻想的内容。

亚察说："我恨死我的生殖器!"

秀丽答："所有男人都有这东西，你一定要接受它!"

亚察说："我恨它，我恨它! 我想变成像你一样多好!"

秀丽答："这东西是可以给你快感的，你用手碰它就会知道。"

亚察说："不，我只想把它割掉!"

我一面读他们的辅导谈话记录，一面看着亚察与秀丽，秀丽一本正经，对亚察那色眯眯的注视，毫不察觉。

亚察对于来见我这一事，一点兴趣都没有，我问他问题，总是由秀丽代答。

秀丽被他摆布得像个扯线木偶，却一点也不知道，反而视作亚察对她特有的信任而自傲。

我心想，这家伙真有办法，别的男人想与异性有这种"性谈话"，非得打每分钟收费的"色情电话"热线不可。而亚察三言两语，说要把生殖器割掉，就哄得他的社工为他奔走效劳，还要陪他上街买女人内衣裤，他心中不知有多舒畅。

但是如果拆穿他的计谋，他一定不会承认，秀丽也一定会因为我打破她的形象而生气。工厂内的辅导工作，一般都十分枯燥，好不容易找到一宗有趣的案子，怎能给她泼冷水？

于是心生一计，我对秀丽说："亚察真幸运，有你这样尽力的社工，但如果他真的想变性，他就先要尝试过女性的生活，才可作最后决定。你立即陪他去选购女装，而且让他穿上与你同行，你得向他示范怎样过女性生活……"

亚察听得满不是味道。我再也没有见到他与秀丽。

我最喜欢做顾问工作，速战速决，又可看尽人生百态。

母 与 女

母与女的关系,是十分奇妙的。

很多时候,母亲都会把女儿当作自己的一部分,二为一体。

母亲喜爱的事物,希望女儿也能喜欢;母亲没有完成的梦想,希望女儿会去完成;母亲虽然会崇拜儿子,但女儿,才是亲信。

女儿天生是母亲的忠实观众,留心着母亲的一举一动。小脚板爱穿母亲的高跟鞋,走得一拖一跌,却一心跟随母亲脚步。

女儿也是母亲的守护神,一察觉到母亲处境不利,就会挺身而出,甚至牺牲自己;很多女孩子的心理病,都与保护母亲有关。

十五岁的亚敏,就是一个好例子。

亚敏有偷窃习惯,又数次企图自杀。她的家人,以及她就读学校的老师,都十分担心,不明白亚敏为什么会有这样反常的行为。

这是我学生的一宗个案,首先是学校要求我学生见亚敏,但我学生很快就发觉,这十五岁的女孩子,只有母亲一人做伴,事无大小,都以母亲主意为主。

见过母亲后,却发觉母亲比女儿更奇妙。这位快四十岁的母亲,比女儿更像个小女孩,四处找人陪她玩耍。十三岁的儿子放学回家发现母亲静坐一角,问她为什么不去买菜做饭,母亲说:"你先陪我玩一盘波子棋,不然我就不做饭。"

碰上这样的母亲,亚敏当然要负起很多打理家庭的责任。

这样还不止,母亲又会不时想出新花样,她让女儿穿上自己的睡袍,扮作自己走到丈夫床上,说是要测验丈夫的反应。

母亲说,她本来并不打算嫁给现在的丈夫,只是婚前一次约会时,他嫌她不够漂亮,她就立意嫁给他,理由是男朋友变成丈夫后,她才有机会报复。婚姻当作"复仇之旅",如此古怪的母亲与妻子,当然被我学生服务的精神科诊所当精神病人看待。

我的学生对着一母一女,真搞不清哪一个才是病人。因此她要求我作一次示范诊断,以便决定应该向哪一方面入手。

以家庭治疗的角度而言,"病人"并不一定是症状携带者(Symptom Bearer)。亚敏虽然有偷窃及自杀等行为,但是她的病源,却可能是母亲。而母亲这种怪诞的表现,又该归咎于谁?

家家有本难念的经,要念出难处,最好是全家一起见面。

亚敏一家十分合作,一叫就来。一家五口,父母及三个儿女,以亚敏为长,另外还有两个弟弟,一个十三岁、一个九岁。

亚敏静静坐在母亲身旁,虽然有问有答,但是大部分时候都是望着母亲的指示。母亲却分明看重儿子,并坦白地指出:"我是重男轻女的,儿子说什么都可以,女儿却说什么都不成。"

亚敏好像很习惯在人前被母亲奚落,只有一脸无可奈何的笑容。

我问亚敏的父亲:"你对妻子这种重男轻女的看法,是否认同?"

父亲说:"我不认同,但是我有什么办法? 她什么事都是我行我素。她不准许亚敏见我的母亲,谁也左右不了她的决定。"

每一个家庭除了主要成员外,还有很多幕后的重要角色。原来亚敏的祖母与亚敏的母亲冷战多年,亚敏出世时,祖母一定要亚敏归她教养,母亲争持不过,只好让亚敏被祖母抱走。因为憎恨婆婆,慢慢也开始讨厌亚敏。到亚敏六七岁回家与父母同住时,母亲始终没有办法接受这个女儿。

　　被拒绝的女儿却是那样忠心耿耿,任得母亲打骂,却仍然想尽办法讨母亲欢心。也在同时,她开始有偷窃的行为。偷的都是她并不需要的东西,却就是不能罢手。

　　父亲说:"我们把她打得手掌开花,但是一点用处都没有。她什么都有,为什么要去偷?"

　　我说:"有一种偷窃行为,是与内心的不平衡有关,你们有没有留心是否有不快乐的事情发生在亚敏身上?"

　　父亲倒答得爽快:"当然不快乐啦,天天被母亲当出气袋,不过她也用不着去偷东西呀!"

　　母亲不大说话,但说起话时有种斩钉截铁的感觉,不像丈夫那副艾艾怨怨的无能。

　　我想:这个家庭的权力分配,是非常一面倒的,加上母亲这几年来苦心经营,偷偷把丈夫的银行户头都转到她名下,大财在手,她的气焰更盛。

　　奇怪的是,三个儿女都不同情他们的父亲,却紧随母亲身旁,尤其两个年长的,十分留心母亲的动态,反而对自己的事情毫不关心。

　　从理论及临床经验,我们知道儿女是很能为父母牺牲自我的,但是,却怎样也想不出,他们的母亲为何对这三个孩子有这样大的影响力?

　　直到第二次见这家人时,才发现真相:原来要自杀的,并不是亚敏,却是亚敏的母亲。

她说:"我常常觉得做人没有意思,常常想死掉。"

我问:"你试过自杀吗?"

她答:"试过的,几天前我就想死。我问儿子,你陪我去死好吗? 儿子说:'妈,我不想死,你也不要死吧。'我见他不肯陪我,就去问女儿,亚敏说:'好,你要死,我就陪你。'我们一起走上医院背后的山坡,想跳下去,想想又觉得太矮,怕跳下去死不了,因此就回家了。"

这位母亲陈述找儿女陪她寻死的过程,好像一切都理所当然,毫无怨悔。父亲听着,却一点反应也没有,完全没有要保护儿女的冲动。在这种家庭的气氛下,可以想象儿女会觉得多么不安全。

我问大儿子:"你担心母亲会死掉吗?"

大儿子第一次认真地回答我说:"担心极了。我那天上课,一直担心妈妈是否真的去死,直到她回来才放心。"

我问亚敏:"你真是个孝顺女儿,母亲要死,你也陪伴?"

亚敏微笑点头。

怪不得三个孩子成了母亲的守望人,一个把死当玩耍的母亲,怎令儿女放心得下?

这母亲的行为当然极端,但是把她当作精神病人看待也于事无补,倒不如把她的问题"正常化",先解除她儿女的忧虑。

因此,我对她说:"你真是个老顽童,玩波子棋不够,连自杀也要玩。你大概是没有玩伴,才会与孩子混在一起,你丈夫不陪你玩吗?"

听了我的话,她十分开心,有点遇到知己的狂喜,说:"他不陪我玩的,他陪我玩就好了。"

怎样替老顽童找伴? 我认为是这宗个案的方向。

因为这个家庭不知道：爸爸才是妈妈的伴。父母关系不调和，总是苦了自己的子女。

尤其是苦了那个与母亲二为一体的女儿！

有问题的分明是亚敏，要处理的却是她父母间的婚姻关系。

家庭真是一个奇怪的动物！

不 食 的 女 孩

十六岁的安妮，看似十二岁，瘦小的脸上，一双黑眼睛显得特别大而空洞，她那特长的眼睫毛，像两把大扇子，把本来已经是皮包骨的脸，遮去大部分。

安妮患有厌食症（Anorexia Nervosa）。这是个危险的病，通常有百分之十五至二十的死亡率。患者多是中产家庭背景，以女性为主，又称"青少年女孩子的病"。

这个已有三百年历史的病症，是十分奇异的，患者怕肥怕到极点，而对自己身体形状，有歪曲的看法，身体已到骨瘦如柴的地步，还是觉得不够瘦。吃下什么东西都要设法呕吐出来，或直接绝食，活生生把自己饿死。

一般患者都要进医院治疗，从鼻道灌输养料，维持病人体重，同时进行各种心理治疗。

研究厌食症的先锋学者 Bruch 有这样一宗个案记录。

为了要保持九十八磅的体重，她（病人）把整个家庭弄得鸡犬不宁，不许家中存有任何食物，逼迫父母每顿饭都要出去买菜。吃剩的食品都要丢掉，因为她怕自己忍不住吃多了，就会破坏她那一定的体重……温习功课的时候,也不许父母在家里,因为她不能容忍人的声音。她多次入院治疗,但性情愈来愈暴躁,最后父母吓得离家出走,一切消息都由社工转达……

从这旧记录,可见厌食症是一个与家庭有密切关系的症状。Bruch的病人有九十八磅已经算不错,很多病人只剩五十多磅,达到威胁生命的地步。

安妮就是这样的一个病人。她在儿童医院留医,她的父母亲无法明白女儿为什么要绝食。

这是家庭治疗大师 Minuchin 的一宗个案。他的治疗方式总是要与病人的家人一同见面。

安妮的父亲是意大利人,是个技工,母亲是家庭主妇,安妮之下,还有两个分别十五岁及十三岁的妹妹。

一家五口,表面看来与一般家庭无异,唯一令人瞩目的,是瘦得只剩皮和骨的安妮,却有个肥胖而稳如泰山的母亲。

观察这一家人在一起的互相行为,我们很快就发现,母亲是这家的中心,一切对话及动作,都由她指挥。

她说:"安妮在医院,我一直也在医院陪她,安妮的爸爸叫我回家照顾两个小的,我只好跟他回去。但一踏入家门,我就觉得不妥,我对安妮的爸爸说:'我一定要回医院去,安妮出事了。'"

母亲的英语虽然不流利,但是她说话有板有眼,自信十足,她继续说:"安妮的爸爸不让我回医院去,我就说:'你不载我,我自己走路去。'我一回到医院,果然见安妮整个人又黑又蓝,就赶快叫医生来。医生却说没事,我说:'安妮整个人又黑又蓝,怎会没事?'如果不是我赶回来,她可能没命了。"

父亲却说:"这是你过于紧张,你什么都不肯放松,什么都要为孩子安排,安妮总得学习照顾自己。"

母亲理直气壮地反驳:"我是母亲,当然要照顾孩子。安妮如果会照顾自己,就不会不吃东西这样傻。"

这一段对话,好像没有什么特别之处,其实却代表大部分厌食症患者的家庭形态。我们从家庭研究工作得知,厌食症女儿,一般都是对母亲过分依赖,没有办法达到心理上的自立;因为不能自立,对母亲的反抗也更大,以致造成母女关系难分难解。

厌食症的特征之一,就是患者与父母的权力斗争,彼此控制,是一个与争取控制权有关的病症。

安妮与她母亲之间的矛盾,很快就爆发出来。

母亲说:"在家里总是你赢,不是我,不是你父亲,不是你妹妹,而是你,每次都是你赢。"

安妮说:"你知道吗? 这是因为家中没有人敢反对你! 我是唯一敢反驳的。"

母亲问:"你为什么要反对我? 你为什么要绝食?"

安妮答:"你总说要吃,你愈说我愈吃不下……"

母女交谈的结果,是彼此声泪俱下,安妮大发脾气,母亲却不明白女儿为何这样不明事理。

Minuchin对一直不语的父亲说:"你的妻子是个好母亲,但是她的方式,只适合用来管教十一二岁的女孩;女儿十六岁,母亲的管教方式,也得改变,不然安妮就不能长大。"

母亲跳起来:"为什么要我改变? 变什么?"

Minuchin对父亲说:"你可以协助你妻子明白这道理吗?"

父亲慢吞吞地对妻子说:"我一直想对你说,安妮十六岁,如果她要外出交友,我是不会反对的,但你却借我的名义向她说,如果她外出我就一定打断她的脚,这样造成她什么事情都只向你说……"

母亲说:"我是母亲,她当然什么事情都只向我说。"

安妮插话,对父亲说:"你是这样说过的,如果我出去交朋友,你就打断我的脚! 我记得。"

父亲:"那是几年前的事了,那时你几岁? 现在你长大了,当然不是一概而论。"

安妮却突然与母亲同一阵线,不肯罢休:"你是这样说而已,谁知道回家后又会不会变卦……"

Minuchin 向安妮说:"你父亲说他现在改变了,你总得给他一个机会,只有十岁的小孩子,才会抓着旧事不放手。"

母亲看女儿与父亲开始交谈,忍不住又泼冷水,安妮泣不成声。很明显地,这个十六岁的女孩子,觉得自己处于一个完全无助的位置,不吃东西是她唯一有能力控制的,也是她绝对的胜利。

Minuchin 对厌食症的治疗,主要是把这一场在食物上打的仗,转移目标。他对安妮及她的父亲说:"一个十六岁的青年人,不一定会事事同意父母,安妮一定要学习怎样与父母争辩,争得多厉害都可以,就是不能以食物为题。"

他建议安妮暂时不与家人同桌,免得母亲总是催食,又另找专人负责协助安妮维持一定的体重,以免她有生命危险。治疗的重点,是在疗程中暴露出母女间的矛盾,让她们学习怎样作正常的争吵;又鼓励父亲参与,促使女儿成长。本来无助的安妮,渐渐学会正视母亲对她的控制,不再需要以绝食抗议。

这个家庭接受治疗四个月,安妮体重增了二十多磅。

一年半后,安妮重返学校完成中学课程。她与母亲的关系始终充满火药味,但安妮再也没有绝食。

Minuchin治疗厌食症,有百分之八十六的成功率。我在港大播出安妮治疗的录影带时,恰巧有老同学从澳洲访港,她做模特儿时也曾一度患有不食之症,因此要求来参加我们的座谈。

过后,她说:"我看着安妮一家,看得心惊胆战,因为她一家人的挣扎及互相控制,与我家完全一样。"

我这身材高瘦打扮入时的老朋友,竟能认同安妮的意大利胖妈妈,可见家庭的道理,是没有国界的。

同性配偶养孩子

同性配偶会养出怎样的孩子？

我与罗素、小白、玛莉夫妇一行人坐在多伦多约围区的露天咖啡室，却听到前后左右几桌人，都是在争论着这一个问题。

有人说："我不反对同性配偶（Homosexual Spouse），也不由得我反对，但是我不认为他们应与异性配偶一样，有领养孩子的权利。"

也有人说："这是变相的歧视，同性配偶比异性配偶有什么对孩子不妥的地方？可知道百分之九十有关虐待儿童的案件，都是来自异性配偶的家庭？"

有人反辩："事情不是这样简单的，一个孩子是需要一个母亲及一个父亲，才能培养出一种正常的家庭观念……"

又有人积极反对："这是一种陈旧的价值观念。一个'家庭'并不一定是一父一母，试看近代社会的研究结论，家庭组织是可以具有很多不同配搭的……"

自从安大略省省长 Bob Rae 提出同性配偶应与异性配偶权利相同（Equal Right for Same Sex Spouse）的法案后，上述这种争论几乎随处可见。而争论得最令人面红耳热的一项，就是同性配偶是否应与异性配偶一样,有领养孩子的权利?

多伦多是个多元文化的城市,对不同民族及不同生活方式有一定的包容,对同性恋者也是一样:我不能改变你,你也不要改变我。

一般人以为同性恋者不传宗接代,对社会的影响是有限的。

现在由于这个法案,使得他们有生下一代的可能,骤然增加了同性恋者的威胁性。因此,公众的这种反应,是可以理解的。

只是他们不知道,同性恋者要生儿育女,并不一定需要依赖这法案的通过。尤其女同性恋者,有不少是向"精子银行"(Sperm Bank)借用精子做人工受孕的。

我认识一对女同性配偶,与另一对男同性配偶合作,也是以人工受孕方式生下两个儿女。

两个小家伙一个三岁,一个五岁,却有四个父母。除了有被宠坏之危,倒不觉得他们与其他孩子有何分别。

加州发表过一些对同性父母的家庭研究,结论也是:不管父母是同性或异性,对儿女的成长过程并没有明显的影响和分别。

但这并不是一个理论争辩,而是一种情感的对立。

我们数人一边喝咖啡,一边听邻桌的争吵,彼此会心微笑,却没有人愿意加入这个话题。

理由很简单:罗素与小白,也是一对"同性配偶",他们成家已经十多年,比起玛莉夫妇,更像一对老夫妻。但是当我介绍他们时,总是说:"玛莉夫妇,罗素与小白。"可见我与他们虽然是相识多年的好朋友,但在口头上,仍不能惯称他们为"夫妇"。

因为夫妇二字,是含有一定性别的。夫妇这词语,本身就代表一种根深蒂固的传统观念。

想来，还是早先中国人称所有夫妻为"爱人"的习俗最好，男是爱人，女也是爱人，相处久了就成老爱人，只言心态，不言性别。反而这个自由的西方社会，却找不到一个适合的形容词。

同桌的人听了我的想法，十分同意，纷纷称呼自己的配偶为"爱人"。

玛莉笑道："中国一定有先见之明，想出这样中性的一个名称。日后就不必像美洲这样费尽心机，重新学习怎样选择适当字眼。"

玛莉所指的是，由于同性恋运动，同性恋者十分反对一些他们认为是对同性恋有偏见或贬低意义的字句，这造成一股压力，很多学术界人士都学习怎样小心用字。

例如，问男的你有女朋友吗？或问女的你有男朋友吗？都是不宜的用语，发问者一早就已经断定被问者是喜欢异性，对同性恋者是不公道的。

较中肯的问法是：你可有亲密的朋友？或：你有没有爱人？

我上过一课怎样谈艾滋病的课，发觉自己用字的方法几乎是全错的：这也不能，那也不能，甚至不能说一个人死于艾滋病，因为艾滋病本身是不会杀人的，它只是令人失去抵抗力，死于别的病因。

我赌气起来，在作业上写着：此人死得不明不白，与艾滋病无关，千万别说他因同性恋而得病，否则我这作业准得零分。

同性恋的政治力量，可见一斑。连美国总统克林顿，在竞选时都要承诺被选后要改革同性恋者不能加入海军的政策。

只是，同性恋运动虽然有其一定的影响力，但要做到被社会大众绝对接受，却仍有一段很长的距离。

罗素突然问我："你认为同性'爱人'可以领养孩子吗？"

我说："要看人而定，如果你与小白决定要个孩子，我是绝对赞成的。"

小白抢着说："因为我们是你的好朋友你才这样说吧。"

我由衷地回答："不是的，我还有个很要好的'基'朋友，但如果他与他的爱人要领养，我第一个就会反对。"

我倒不是顺口胡说。罗素与小白，是修养极佳的一对"爱人"。他们对文学及音乐的见解，是很少人可以相比的。我记得一次小白教我听莫扎特，他问："你听到什么？"我说："我听到一连串的音符。"

他说："不、不，再听，莫扎特的音乐是充满宽恕的（He is so forgiving）！听到吗？"

我真的听到了，以后我遇到满肚子怨气难消的时候，总想起莫扎特的音乐，想起小白。

一个对他人有如此影响力的人，不管他是男是女，做他的孩子准会不错。

我另一个同性恋朋友就不同了，他长得十分俊秀，一个人拥有两个博士头衔，我在港大授课时他常来找我，很多人还以为他是我的婚外情人，真是冤枉。

他真正的"爱人"，是个十分无理取闹的男人，也不知道他们怎样忍受得了对方。连他们家中的一条狗，都是反应无常的。

孩子若落在这家，岂不让人担忧？

客观来说，同性配偶或异性配偶本身，是不足以用来衡量是否适合教养孩子的。

无论 Bob Rae 这项新法案能否通过，事实上我们常接触到的人，无论在医疗界、教育界、朋友乃至家人，其中都可能有同性恋者。他们或多或少都已经参与下一代的教育工作，小白就是一个中学教师，罗素是个专门研究儿童心理治疗的医生。

正如 Bob Rae 所言，终有一天，他们会获得与异性配偶一般的待遇。

有 脑 的 精 子

提起"精子银行"，就想起在美国哈佛大学校园看到的一份广告：征购"有脑"精子，迟钝者免问。

这段广告发自美国最大的精子银行——加州低温冷冻银行(California Cryo Bank)，在美国首席大学的报章及校园都有刊登，哈佛大学邻近的麻省理工学院(MIT)据说就有同一广告。

精子银行当然要不停收集精子，以应需求。但像低温冷冻银行这种苦心追求"有脑"精子，倒是别出心裁。

听说应征者要经过重重手续，不单查家族、查祖宗，连本身的外表、特征、爱好及种族等，都要写得一清二楚。

选购精子的人，可从一部像购物目录一样图文并茂的目录中，选择理想的人选，然后才去购买这个人的精子。

有人抨击精子银行这种做法，像纳粹党般控制人种，企图造出一个特别优秀的种族。

但是低温冷冻银行却认为，这全是生意交易，肯付出一百多美元来购买精子的顾客，当然想选择将来孩子知道爸爸是什么样的人。

随着科学进步，人工受孕已成为家庭关系的一个普遍现象，不单是由于丈夫精弱不能使妻子受孕的夫妇会选择这种途径;作为单身女性,尤其是事业成功的专业人士,也有很多认为自己虽然不结婚,却不愿失掉做母亲的经验。但是要无偶生子并不容易,她们以前常要到酒吧寻一夜风流,怀了孕又不知道孩子父亲来历如何,因此对这种可以选择精子的特别服务,十分支持。

当然,还有想产子的同性恋夫妇,也是精子银行的主要顾客。

也有男士们把自己的精子冷冻,藏在精子库,留为后用。美国有一位漫画家,就是在她丈夫死后,才把丈夫收藏好的精子取出来,生了两个儿子,她说:"这个方法,令我觉得丈夫永远在我身畔。"

这些好像科幻小说的故事,无形中改变了传统家庭的体制。一父一母的家庭,再也不是西方社会的标准。

心理学家 David G. Cooper 在二十世纪七十年代写了一本名著,叫作《家庭的死亡》(*The Death of the Family*)。在九十年代,这个问题更加迫切:家庭真的死亡了吗?

试想想,你怎样向一个小孩子解释:你的爸爸是精子银行一百七十块钱买来的一筒精子?

新的时代带来很多新的心理问题,研究心理治疗,不能不从社会学及人类学入手。

恰巧多伦多大学有个谈论印第安人心理治疗的课程,是从人类学的角度出发,谈论怎样为这失去传统的民族找回根基。

主讲人是一个印第安巫师,他说:"所有古老民族都是与自然界同生同息的,而家庭内的每个成员,也有其一定的角色与本位。例如:一个孩子的教育,不但来自父母,祖父母也有重要位置。"

在印第安人的习俗里,祖父是个智者,每个小孩都得由祖父处学习智慧;祖母却是爱护者,她们的职责就是溺爱孩子。

巫师说:"如果一切依从这个古老家族的自然规律,孩子就会顺利地长大成人。"

但是现代西方的文明,却把印第安人的传统完全打破,他们被各种社会及家庭问题困扰,乱伦事件甚多,老的酗酒,少的自杀,巫师把所有上述问题,都归罪于西方文化的入侵。

他强调:"失了根的民族有如失了根的人,是难以适从的。唯一的治疗方法,就是协助他们生根,重建传统。"

从巫师的一番话看精子婴儿,不得不令人担心,这些父亲是一只玻璃筒子的孩子,其根何在? 怎样向他们解释出处? 怎样维持传统?

我的朋友珍妮,是个小儿科医生,三十七岁。她说:"我热爱孩子,但是没有适当的结婚对象,再等就可能太迟了。"

我们一起去听巫师的讲座,过后她久久不语,显然在考虑巫师之言。

她终于说:"我找低温冷冻银行,起码会知道将来孩子父亲是谁,起码我可以说,你的父亲是哈佛学生、喜爱运动、是游泳健将,我从一百多人中选上他做你的爸爸⋯⋯"

珍妮解开了心中结,愈谈愈高兴,她又说:"其实向孩子解释来处并不困难,我会说:'妈妈为了得到你,花上比一般人更大的努力,才能怀孕,可见你对我有多重要。'"

她想了一阵,再继续说:"其根何在,这句话太短见了。难道单身母亲就不是根? 我父母尚在,孩子将来一样可以有祖父祖母,除了未婚生子,我哪一处不是个典型的传统母亲?"

珍妮这话没有说错,她真的是个典型的传统母亲。还没有看到精子银行的目录,她已经念念有词,决定不了究竟哈佛的精子好,还是斯坦福的精子好。

我取笑她说："你不如先决定要什么模样的人的精子，否则你购得的精子虽然有脑，但却是来自一个像科学怪人一般模样的人，岂不糟糕？"

原来选购精子有这样大的学问。

我看珍妮忙得团团转，要作各种选择和决定，其麻烦处，比找配偶有过之而无不及。有些热门人选，他们的精子也特别抢手，一早就卖光。

当然，有脑的精子，不一定就能养出有脑的孩子。但父母对下一代的期望，不管是自然生育，或人工受孕，总是希望孩子高人一等。印第安巫师的话即使说得更加有理，也不及有脑精子的说服力强。

不 能 停 食 的 一 群

在我的讲座生涯中，最惊心动魄的，就是为普瑞德威利症候群（Prader-willi Syndrome，以下简称 PWS）协会主讲那一次。

这简称 PWS 的症状，是一种遗传病，患者痴肥，不能停止吃东西，而且智商也受影响，一般都有智力问题。因此，病人的父母家人，一步都不能放松，尤其要制止病人不停吃喝，冰箱要加锁，垃圾箱要加锁，有时连洗手间都要加锁，因为病人吃无可吃时，连马桶都要问津。

这种长年作战的状态，不单病者难受，一家上下都受尽煎熬。美洲很多城市，都有 PWS 的家庭协会，多由父母组成，作用是彼此互相支持。这个协会也有很大的政治能量，常能左右政府的医疗政策。

我与这个组织的渊源，该由韦太太首次来找我时说起。

韦太太是省 PWS 协会的主席，她本身的职业是会计师。她从递名片给我的一刻开始，就十分仔细地打量着我。

她说："我们协会在六个月后将会举行一个全省性会议，要请四位专家讲不同的题目。有人提议请你，因此我特地由渥太华赶来多伦多与你谈谈。"

韦太太虽然要请我，但实际上是考我。

她问："你对这个病症知道多少？"

我说："不多。我只做过一宗这样的个案，病人是个十六岁的女孩子，她妈妈报案说她被人性侵犯，法庭要求我们作个诊断。但我一看这女孩，几乎有三百磅重，而那侵犯她的男子却只有九十磅，而且她看来是个十分有主见的人，我想，不把那男子压扁才怪。后来发现，这女孩子与母亲关系甚坏，天天彼此斗法，那瘦男人，是她当小猫一样捉来惹母亲生气的……"

我一口气说完这个故事。在这位绝对认真的韦太太面前说这样荒诞的故事，我分明是对这个邀请没有兴趣。

不知何故，我确实觉得韦太太的控制力很强，令人觉得处处被束缚，我最怕遇上这样的人，因此不自觉地就忙打退堂鼓。

事情偏偏就是这样奇怪，我愈退，她愈进，到后来，韦太太好像非要请我不可。

她连声音也变得温和起来，说："我想请教一件事：我们这个会议，会有二百人参加，我们的孩子也会来，我们原想请人为他们做小组座谈，但又害怕他们聚合在一起，有样学样，回家后一定花样更多，更难管教。你认为怎样好？"

我突然对韦太太产生好感起来，回答她："有很多事是你控制不了的，我想这个病症的最大问题，就是造成一家人天天都在玩这个控制游戏，你控制他，他控制你，久而久之，造成人人神经紧张，在不需要多加控制的时候，都不能停止控制。"

我其实是提示韦太太，不要连我也控制起来。怎知听后，她突然兴奋地说："真是这样的，我自己也知道，我天天看管着儿子的一举一动，只要他有半点声色，我就自动跳起来，赶去侦查他是否又把什么东西弄入口内。加上我是会计师,对数目字有习惯性的控制,有时觉得生活一切都与控制有关,真令人沮丧。"

韦太太也不问我答不答应,决定请我讲有关"控制"的精神问题。她临走前交给我一本有关这个病症的书,说:"你有六个月时间把这本书看完。很多专家对 PWS 的理解甚少,常在讲座时出丑。"

我刚开始对她产生好感,就被她这一部厚书当头拍下。韦太太不单在会面的时候控制我,接下来的六个月,我都不时感觉到她的压力。

会议的时间愈近,我就愈坐卧不安,心想:一个韦太太已经这样高压,到时面对二百个韦太太,我岂不被压死?

一时心软,惹上这样大的麻烦,我天天自怨自艾,而日子却一日一日迫近。到最后我整装赴会时,才发现韦太太的那本书,一直被我丢在书架上未动。

一早到达会场,人头涌动,原来大会分成两组,同时有两个专题进行。我偷偷溜进一组人后面,主讲人是个世界有名的遗传学家,主要是讲解这种病症的遗传因素,其实,这症状在一九五六年就已经发现,但在近年才确定是由于细胞内第十五对染色体有缺陷所造成。

每一万五千人中,就有一人有 PWS。

患这病的人,是不能生育的。但这位专家说,最新研究,发现用荷尔蒙治疗,可以促进病人的生理发展,甚至有生育能力。在场的父母听了忙叫不好,他们不要患病的子女有生育能力。甚至有人说,为什么不好好做研究,偏要做这种只会生事的发明?

我溜到另一组去,主讲人是个行为纠正学专家。主题是教育父母怎样用赏罚分明的办法,应付及改善这一群十分难教的儿女。

行为纠正的道理,是要执行者冷静地坚守原则,不被对方行为所动摇。问题是 PWS 的患者一个个都是二三百磅的巨人，身形瘦弱的父母，常在纠缠间弄到手折足断，要坚定不移，谈何容易。

这些子女，按年龄分成几组。有小孩，也有成人。逐组参看，好像入了巨人国。

最妙的是，这些肥大的子女，偏有身材标准的父母。我看这会议的成员，多是专业人士，而且人人身材苗条。后来才知道，这些家庭，都特别小心食用，以菜蔬水果为主，结果，子女减不了肥，他们自己却减了。

怪不得韦太太叫我看了书才来，这些父母，对 PWS 有关的一切，都十分熟悉。

我听他们发问，见这些专家都被难倒。

人在遇到不能解决的困难时，总是从知识入手，把天下书看尽，却不一定能解开心头上的结。

我坐在一旁静观，真的觉得这一群人与韦太太十分相像，他们人人背上压着一个包袱：一方面天天与儿女斗法，一方面又免不了内疚。一言一行，都发出自制的电波，连我坐在一旁都感到神经紧张。

控制力愈强的人，愈需要学习放弃控制，也最难叫他们交出控制。

我的讲座方式，不是个人演讲。这种称为体验性工作坊（Experiential Workshop）的形式，主要是为参加者制造一个经历，让他们体会一些他们没有或不能体会的经验。

因此，我不但要谈"控制"这个题目，还要设法令他们当场经历一下怎样放下控制。

这种讲座成功与否，全凭主讲人与参加者双方的互相带动，可以是个充满活力令人冲出迷阵的场面，也可以全部死火，一步不通。

因此，我的忧虑不是没有理由的，如果我推动不了这一群人，我这足足三个小时的座谈怎样挨得过去？

愈想愈心惊胆战，正想由后门溜掉，被韦太太一把抓着：该你上场了！

这一关怎样过？

令天下父母伤心之事，莫如生下有缺陷的孩子，而孩子的缺陷，又以PWS的症状最令父母头痛。

这个与遗传因子有关的症状，其特点之一，就是患者不能停止吃东西，在找不到食物的情况下，有时连最不可想象的东西都会放入口中。

不久前我在诊所也收过一宗医院求救的个案：一个患PWS的青年，因手术住院，他麻醉药性一过，便四处找食物，不止偷偷把其他病人的食物吃光，连医院内病人放在案头上探病的鲜花都塞入口中细嚼。最后，食无可食，把厕所的大便也塞到嘴里。

这病人把医院上下闹得一塌糊涂，却是人人束手无策。

连专业人士都应付不了，试想父母家人的日子怎样过？世上有很多事情是无法解决的，但是，怎样叫人接受一个吃粪喝尿的家人？

因此，自从我被PWS协会邀请为他们作讲座后，心中一直忐忑不安。这是一件绝对吃力不讨好的事，尤其是我的讲座方式，通常只是准备好开场白，下一步要看群众反应而定。

硬着头皮上阵，连这个开场白，也是十分钟前草成的。我说：

"自从六个月前接受了你们协会的邀请后，我天天想离城出走。今天坐在后座听你们的讨论，才明白为什么自己会那么慌张。原来你们对PWS的认识，比专业人士更为深入，我还可以说些什么你们不知道的事？

"父母遇上子女有缺陷时，往往都由知识入手。只是，你们虽然成了这个症状的专家,但这知识对你每日与孩子的纠缠,可真有帮助? 知识是理智的,你们这种每天要锁冰箱、锁垃圾箱,以至锁厕所的生活,哪有理智可言?

"在这三个小时内,我们是否可以暂时把外在的知识放下,把精力转移到自己身上,做一些与理智无关的事?"

这些父母可能在我之前已经听闷了半天演讲,竟然对我的提议产生兴趣,问我什么是"与理智无关"的事?

我让他们分成小组,商量一些日常与子女"斗法"的情节,然后把这情节像舞台剧一样演出来。

我说:"你要演得多荒谬都可以,这个病症本身就是一个荒谬的悲剧。"

十分钟后,第一组人出来,一位父亲扮演自己十三岁的儿子,其他组员分别担任父母亲及兄弟姐妹。

扮儿子的父亲先出来,半蹲着走路,双手比划身体成球形,以示儿子痴肥。他走到台中,左看看,右看看,见家中无人,打不开冰柜,也打不开垃圾箱,结果走到金鱼缸前面,拿起一条"活"鱼,叽里咕噜吞入口中大嚼,其他家人一起拥上,大踢大叫,好不容易才一齐把他制服在地上。

这一幕哑剧历时不过几分钟,但全体观众却捧腹大笑,因为此情此景,对其他在场的父母来说,实在是太熟悉了。

另一组人,示范一幕斗智话剧:这一家人在厨房装上监视电眼,不停进食的女儿一踏入厨房,父母的睡房就收到讯号,这是用来防止女儿午夜入厨偷食的。

但是道高一尺,魔高一丈。这女儿虽然智商有问题,但人急也会生智,她先把家中火警讯号启动,使得父母忙着侦察火讯,自己却乘机走入厨房吃个痛快。

各式花样,这些父母演来十分传神。我问他们,什么是令他们最忍受不了的?

一位母亲说:"我最忍受不了,就是拖女儿过红绿灯。她故意走得慢吞吞的,三百磅的身体一摇一摆,常引起全场注目。我每次都想找个洞躲藏起来。"

一位父亲说:"我最吃不消的,就是每天晚上与儿子共膳。我自小就讲究饭桌上的礼貌,没想到我自己的儿子,吃相像一头猪,左右手齐下,我常生气得吃不下饭,每次教训他,不但无效,而且导致与妻子也吵起嘴来。"

我听着这些父母的故事,实在无法想象他们的失望有多大。我说:"父母望子成龙,原是最正常的一回事,可是,你们不单要接受自己儿女不能出人头地,而且他们的一举一动、一言一语,都与你的价值观互相抵触,他们的存在,无形中就是一种对你的做人标准的讽刺,你怎样处理你们的失望与伤心?"

众人不语,笑爆肚子的气氛,一时变成隐隐泪影。

我继续问:"有人能安慰你吗?还是因为压力太大,造成夫妻关系紧张起来?"

我这才发现,这些夫妻因为不想走漏了知识,决定夫妻分道,一人来参加我的讲座,一人则去参加另一组同时在进行的讲座。因为另一组谈的是营养学,大部分妻子都去了那组,怪不得我的观众好像男多于女。

我推出两张椅子,一张是丈夫的,一张是妻了的,让不同人坐下,演出不同的夫妻组合。

妙的是这些全是爆肚式的演出,却自然地把夫妻的典型配搭,表现无遗。结论是：夫妇间在最需要彼此支持时，往往都是互相埋怨——或一人埋头读报纸，一人则话不住口。最糟的是，一人管教儿女，另一人却忙加阻止，结果造成夫妻争吵，而儿女则更难有行为上的改善。

我问："子女这样难管，夫妻之间又未必能互相支持，那么，你们对谁最生气？"

我以为他们一定会说是对自己的配偶，没想观众异口同声，都说：最令人生气的是自己的社工！

这次来参加讲座的，也有一些专业人士，我请了其中一位当社工的出来，坐在一张我专称为"要死一千次"的椅子。

我对父母说："如果这位就是令你最生气的社工，你要拿她怎办？"

有人骂她："你对我们的困难一点了解都没有，却喜欢多出主意，如果我有枪，一定杀了你。"

我说："她答应了为你死一千次，你就杀吧！"

有人出来象征性地用手把她扼杀。另一人说："你杀得太不够劲了！"结果他自己出来示范，把这社工扼倒在地上。

这社工后来说："平时最怕为这协会工作，经过这个'游戏'，才知道这些父母心中有多大怨恨。"

我倒是对父母们说："不好的社工，尚且可以做你们的出气袋；如果有个好社工，你连找人出气的机会都没有了。"

这当然是个奇怪的讲座，我明知难做，因此担心了好一阵，可能是一早存有戒心，因而用自己的警觉应付，而不多谈无把握的话。神推鬼拥的，竟然成功地把一百人推往各种境界。三个小时内，有笑，有泪，也有很大的愤怒。

有观众说："我很久没有感受过这么畅快了，但这畅快究竟有什么作用？回家后不又是要面对同样的局面？"

我答："当然是同样的局面，所以你要多找机会令自己畅快。人的精神像一根皮带，不能拼命拉紧，一定要有放松的机会，不然就会扯断。"

最容易的放松办法，就是向空中大叫，发尽胸中怨气。

散会前，我们全部向天大叫三声，震动整幢楼宇，隔室营养讲座的人以为我们出了什么大事。

临行，大会主持请我一起参加他们的晚宴，他说："你能推动我们这一群人，实在不容易！"

我谢绝。走出停车场，才捏一把汗，这个难关总算顺利通过，我自己也向天空舒了三大口气！

有 女 初 长 成

　　家中有女初长成，是一个家庭头痛的开始。女孩子由十二三岁起，至十六七岁的过渡时期，往往是充满异想奇思，花样百出。

　　很多女孩子的心理病，如厌食症，就常在这个时期出现。

　　我在前些时曾经介绍过一个鬼上身的家庭，一个十五岁的女孩子，长得十分聪明漂亮，却说是鬼上身，不时合上眼睛张口骂家人，闹得家中鸡犬不宁，严重时要用绳索把她捆缚。

　　中国人对鬼上身这一回事，多是不敢不信。因此父母四处向人求教驱鬼的方法。每当女儿发作，父母就赶快念经祷告，以上帝之名赶鬼。

　　女儿在地上打滚大骂，父母赶鬼的声音却是那样生硬无奈。

　　谈起这宗个案，很多人都问我，你能确定那女儿不是鬼上身吗？我当然不敢确定，只是，我笑说："我也看过《驱魔人》那部电影，知道鬼上身的女儿，头会转一百八十度，口会吐绿色液体。而我们这个女孩子最多是在地上打滚，其他本领一点也没有，而且总是早上起床上课时发，恐怕是懒鬼上身吧。"

　　事实上，这个年龄的女孩子，行动往往是十分戏剧化的。在那短短的几年过渡时期,可能会从丑小鸭变成天鹅,也可能扮演多面性格不同的角色。

这是一个"不知道自己是谁"的年龄,因此,大部分精力都放在"找寻真我"的路程上,行为怪诞莫测,是理所当然。

那女孩子的父母说:"我们最不明白,就是为什么女儿要对男孩子那般凶,每个来找她的男孩子,都被骂得狗血淋头。我们怎样劝她也无效。"

漂亮的少女,总爱找男孩子做出气袋,而那些挨骂的傻小子,又会自然地继续上门,这好像是一个成长男女的自然定律,谁叫男孩子比女孩子迟熟。

孩子成长,迫着家人也一起成长。

孩子的成长是明显的,家庭的成长却不是那样明显。其实,家庭的成长,有时比孩子的成长更重要,因为孩子个性的发展除了天赋条件外,很大部分是环境形成的。从精神病的研究工作,发现很多青年人的心理问题,往往是出于家庭不能随着子女成长之故。

Minuchin 在治疗厌食症的个案时,就时常对病人的父母说:"你这种为女儿处理一切的方式,对十岁的孩子是很适当的,对十五岁的女儿就会变成一种阻碍。因为如果她不从父母那里学习怎样做十五岁的女儿,她就可能一直停留在十岁的阶段。"

父母需要随着儿女的年龄发展,不断调整对他们的管教方式。小孩子有小孩子的管教方法,青少年有青少年的管教方法。到儿女长大成人时,慢慢又会反过来由他们来"管教"父母,这是一个家庭生命周期(Family Life Cycle)。道理看似简单,但是,进行起来,却总是阴差阳错。其实,所有心理治疗,都不外是处理一个人与其家庭关系一连串连锁反应所产生的问题和矛盾。有时敷伤,有时解结。

有女初长成的矛盾在哪里?对外来说,这是一个"女生外向"的年龄,对外面世界,产生无限向往,幻想力强的女孩子,最爱做白日梦。很多父母见到女儿唉声叹气,喜怒无常,还以为孩子发高烧,追着量体温。其实一切古怪行动,都是体内荷尔蒙在作怪。

对家庭而言,这却是最微妙的一个时期:女儿长得亭亭玉立,父亲看在眼里,喜在眉梢,这原是最正常的心理状态,偏是女儿进入娇俏年纪,母亲却步入中年,是对自己外貌最没有信心的时候。父母与女儿三人错综的关系,有各种不同层次,妙不可言。

这个时期,是夫妻关系的一个大考验,夫妻间原有的问题,常会在这时期变得更明显,无所遁形。

鬼上身的女儿,就是一个好例子。她每次发病时,箭头都是指向母亲。对父亲却是千娇万嗲,连十三岁的弟弟,都忍不住说:"爸爸在姊姊手中,像粒汤丸似的被搓着。"

女儿最迷人的时候,妻子却往往变成"黄面婆",父亲怎会不心痛女儿? 去年在香港讲授家庭治疗时,谈及这个自然的趋向,座中有女儿的母亲急着发问:"我们怎办好?"

我说:"没有办法了,设法不要变成黄面婆吧!"她们笑破肚子。

其实,家庭治疗的道理,也往往提醒了妻子不要让女儿占去丈夫全部的关注。这是一个夫妻必须站在同一阵线的时候,否则女儿就会变成齐天大圣,无人管教得了。

像那个鬼上身的女儿,是个十分聪明有主见的女孩子,本来在家中已经呼风唤雨,不知何故,还要闹来满天神佛,弄得家中人人"冇符"不止,自己也要留级转学。

这种情形,父母非得控制局面不可。因为十五岁毕竟是个仍然需要父母引导的年龄,如果父母反而被女儿的行为控制,那么,她真有需要的时候,谁能援手?

我最后一次见这家人时,几乎真的像"捉鬼"一样,布下天罗地网,迫着这神通广大的女儿,放弃这个扮鬼的游戏。

父亲心痛,帮着女儿说:"这个月来已经进步很多了,只发作过一次。"

我说:"一次都太多了。"

可不是吗?鬼上身这个玩意,父母是绝对不可接受的,偏偏天下父母都是一样奇怪:对不应接受的严重行为,反而过于容忍;对不用烦心的小节,例如女儿欺负男孩子之事,却特别啰苏。难怪成长中的少女,常常会发明一些千奇百怪的行为来掣肘父母。

幸好这只是一个过渡时期,到了十七八岁,一般都会安定下来,进入另一个小女人阶段。

那是我一年前的个案,最近收到那女儿的一封信,她写道:

"我一直也很迷茫不知自己的路应怎样去走……其实我是过分自信的人,虽然有着决断能力或自主权,但对于只是十多岁的我也不太好,因还未有能力正确地辨出方向……"

她这番话一年前我们谈过,当时她生气极了,一年后,同样的话却出自她的手笔。可见做父母的只要沉得住气,做女儿的也常会有意料不到的改善。

七 年 之 痒

星期六,我刚从纽约家庭研究中心返家,患了大伤风,变成支气管炎,再加上对花粉有敏感症,头昏脑涨的,原想倒头睡一个周末,不管人间何世。

一看时间表,原来下午约好要见一宗新的个案,是一对夫妇的问题。赶快打电话去取消,终于接通那丈夫的手提电话,他说:"我已经从家中搬了出来,正住在旅店,一心等见到你后,才决定如何解决与我太太的事。"

没有办法,我只好依约。

这是一对年轻夫妻,妻子长得十分漂亮动人,打扮入时;丈夫能干有为,是个小企业家,他们结婚七年。

我说:"你们是到了七年之痒的时候吧。"

这原是一句用来打开僵局的轻松话,没想到女的执着这句话不放,她追问着我:"真的是有七年之痒这回事吗? 我们其实只结婚了六年半,还差半年,这算不算数?"

如此认真一分一秒计算清楚的人! 我想,这回糟了,我无论说什么话,这位女士必然一字一句地跟我算账。

果然不出所料，我问他们的问题，她一一给我纠正，这样问得不对，这话不能这样说，或是，你怎么问我不问他？

　　我问她："你是不是教幼儿园的老师？"

　　她很奇怪地望着我，说："不是的，我没有学识，只能在家看孩子。你为什么这样问我？"

　　我说："没有什么，只是见你事事解释清楚，我以为你一定惯于教幼稚园学生而已。"

　　她的丈夫乘机插话："她对我说话也是一样，每件事数来数去，把我弄得烦恼不堪……"

　　我问他们为什么要来见我，丈夫说：他有个很得力的女职员，是他的左右手，但太太却认为他对这女职员太好了，怕他有婚外情，一定要他把她辞去。太太说，如果丈夫爱她，就不会因为另一个女人而令她难过。丈夫说，这与爱无关，这是工作上的需要，有才干的职员十分难找。太太说：我并不需要我的丈夫赚大钱，只要一家人多花时间在一起……

　　他们你一句，我一句，却都是靠第三者来传达对彼此的心意。无形中，他们把我放在法官的位置，断定谁是谁非。

　　女的说："他以前不是这样的，我每次不开心，他就会来哄我。自从那女人来了，他不但不再哄我，而且还生我的气，动不动就搬到旅店去住……"

　　男的说："我实在受不了，每天她都跟我吵，我已经尽量减少与那女职员联络，损失了很多生意上的机会。如果这样下去，我们不如离婚……"

　　女的开始流泪。

　　夫妻争吵，很多人都忍不住去劝架。两张嘴变成三张嘴，愈劝愈糟。

我故意不说话,看他们怎样收拾残局。

女的哭了一会,见男的不为所动,十分生气:"你就是用离婚来威胁我,明知道我不会驾驶,又不懂语言,逼我向你让步……"

我支持她说:"那你真的是处于十分不利的位置。你来美洲多久了,什么因素造成你这般不利?"

原来这对夫妇,男的是土生华裔,英语要比广东话流利;女的是香港移民,在美洲十多年,却一直保持香港生活,尤其生了两个孩子后,天天在家看孩子,看香港录影带,她的丈夫是她与外面世界的唯一联系,丈夫的精力却大部分放在事业上,一心要做个成功的企业家。

二人的世界愈离愈远,看来这一段婚姻不单是七年之痒,简直是七年之隔离:男的不停地扩展自己的世界,女的却是从婚姻注册所出来后,就一直没有再进修。

我根本不敢问那丈夫是否真有外遇,我想,他没有才怪!

不是所有婚姻问题都可以补救的,根据离婚统计数字,最大的离婚理由,不是婚外情,而是夫妇二人合不来(Incompatible),不能在一起生活。

但是,他们二人都说还不想分手,想改善婚姻关系。因此我要他们商量一下怎样才能拉近互相之间的距离,两人谈了不够三分钟,又再翻脸,主因又是那个女职员南茜。

我问女的:"似乎你先生一日不解雇那女职员,你一日都不能安心?"她点头同意。

男的却说:"如果我因为依你而辞掉南茜,以后遇到生意上的困难,我终会怪你的,因为你这个要求实在无理。"

女的回答:"你没有理由因为那女人而放弃家庭,难道她比我更重要？"

夫妇争吵，真是最闷人的一回事。重复又重复，台词永远不变。最妙的是彼此都熟透对方台词，一切反应都在预料中，却又不能中断。

明显地，他们话不离南茜，而一提到南茜，两人的商谈又立即死火。

我提议："南茜真是你们的克星，你们这样不停提到她，真是把她扯到你们二人世界来了。今天是周末，能不能把她请走，起码两天不提她？"

那妻子说不过丈夫，把脾气发到我身上来："你们就是想我不提她，岂不是叫我让步？"

她看来像一只受了伤的野兽，只知挣扎，连想替她敷伤的都得被她咬一口。

我忍住气，对她丈夫说："这是你的任务，你怎样可以令她有个安详的周末？"

这位先生是个聪明人，他把太太拉到身前，情深款款地对她说："我们一起到旅店去，过一个只有我们两人的周末，孩子让你妈妈带去，好吗？"

妻子首次面露笑意，但她仍不服气地说："我妈不喜欢我爸有太多女同事，我爸就停工不做，回家陪太太去。"

怪不得心理治疗大师 Whitaker 说，婚姻不是两个人的事，而是两个各自被自己家庭洗了脑的人，重复自己在父母身上学到的事。

他们临走时，女的仍问："如果我心中不顺气，不能不提南茜，怎办？"

我笑说："你每想起她，就依她样子做个布娃娃，打她、咒她，用大头针钉她都可以，就是千万别让她令你失去你的吸引力，否则这场仗使你败定了。"

虽然是说笑，道理也是如此，情感一事，是没有公道可言的。

丈 夫 有 外 遇

有一部好莱坞早期的黑白片，名为 *Women*，描述女主角发觉丈夫有外遇后，她的死党女友纷纷献计，有的提议跟踪，有的主张直闯香巢。娘子军人人摩拳擦掌，十分兴奋。

倒是女主人翁的母亲心中有数，对女儿说："你千万别乱动，不然把事情弄糟了，白白把丈夫及太太的名分送到情敌手中。"

母亲还示意，当年她的丈夫也曾"一度迷途"，全靠她的冷静应付，一段婚姻才能终老。

这个故事的教训是：哪一个丈夫没有外遇？关键在妻子怎样应付，千万别听女友指使，她们没有一个不是存心坏事，说不定还正在等着把你的丈夫弄到自己手上。

这个五十年代的故事，想不到在九十年代还常常上演。只是大多数结局都不像电影的结局那样圆满，不是每个出轨的丈夫都终归发现妻子比情妇强，也不是每个情妇都是谋财无义的坏女人。世纪末的婚外情，花样繁多，各种不同配合，即使母亲的智慧再大，也不一定应付得了。

丈夫有外遇，做妻子的怎样处理？这真是一个大难题，例如上文叙述的一对夫妇，妻子埋怨丈夫对女同事过于殷勤，天天跟丈夫吵嘴，要他把女同事解雇，以表明"太太至上"的立场。

这种心态，可称为"纯情玉女"派，乃基于一种"假如你爱我，你就会为我如此这般"的信念。这种以爱情为要挟的逻辑，其实十分危险，像上述那位女士，结果把丈夫迫到离家住酒店——再不改变方法，就真的可能把丈夫白白送走。

当然，如果你是"宁为玉碎"的爱情忠贞分子，绝不接受不贞的夫妇关系，就会大吵一顿，然后把丈夫连同他的臭袜子丢出大门外，拍手逞一时之快。

问题是，能够斩钉截铁的人并不多，世界上自怜之辈多的是，一哭、二骂、三上吊都行不通的话，满腔怨恨更加无处可发。

有一对在纽约居住多年的恩爱夫妻，回港工作不到一年，丈夫就开始出轨，太太追踪到泰国，在酒店的餐室把尴尬的男人揪出来。男人说，他只是逢场作戏，把女朋友丢下，乖乖地跟太太回家认罪。

第二次，太太又追踪到曼谷，只是这一次，丈夫根本不理太太，而且索性从此不回家。可见同一办法用在同一对夫妇身上，效果未必每次都一样。

去年我到曼谷游玩，置身在那个沙尘滚滚寸步难行的都市，实在受不了那种舟车劳碌，我对丈夫说："如果你与女朋友跑来这里幽会，我绝对不会来找你！"

说实话，这种"寻人"方式真的是下策。长途跋涉自不必说，然而最终所面对的，往往是自己的另一半，深情款款地伴着一个漂亮丽人。新人笑意盈盈，你却是一副癫婆寻仔模样，这一场仗不打也输定了。

很多人不明白，婚姻只是一个承诺，并不代表你拥有了对方，更不表示你可以到情妇处领人。唯一的法律保障，是你可以投诉要求离婚而已。

一夫一妻的婚姻制度，长久以来被社会学家认定是个充满麻烦的体制，人的本性，是需要拥有很多其他人的，绝对没有一个人可以满足另一个人的全部需要，偏偏现代的婚姻观念，是一个容不下第三者的世界。其实，即使能够做到从一而终的人，心中也不知作过多少奇思异想，只是因为种种原因，没有付诸行动罢了。

早在二十世纪六十年代那"要做爱，不要战争"（Make Love，Not War）的嬉皮士时代，很多主张爱情美好与和平的佩花嬉皮士（Flower Child）联结起来主张多夫多妻制，他们集体而居，建立一个小天地。理论上，这是一个很理想的安排，完全没有一夫一妻制的毛病。人多势众，有一两个人变心也不用担心，总不会令你觉得孤单无依，更不用千里追踪那移情了的丈夫。

当时，有社会学家预测，二十年后，这种多夫多妻制，将会取代二人世界的一夫一妻制。

这个预言虽然并没有实现，可是传统的婚姻随着时代的转变，常会节外生枝。

香港的"太空人症状"，就是一个好例子。"太空人"把妻子及儿女搬到美国或加拿大定居，然后回港另起炉灶的例子，比比皆是。连我在多伦多的打扫女工黄太，都不时哭诉自己是移民潮的牺牲者，她的丈夫打发她与三个儿女先来加拿大，他自己两次来回两地后，就再也不见影踪。

移民热的确方便了不少香港男人，黄脸婆远在天边，自己则可以尽情开放。有朋友把糟糠之妻送到温哥华陪儿女读书，自己在香港却收了一对姐妹花做小老婆。我见他大乔小乔紧随左右，好不威风。妻子生起气来，也只好索性长居温哥华眼不见为净。

刚刚接到电话，是朋友打来，问我能不能抽时间见见她的一个亲属。

她说:"这位女士的丈夫事业十分成功,人也长得俊秀,在台湾、大陆及东南亚各地都金屋藏娇,女士终日哭哭啼啼,把恨意全部转移到儿子身上。十岁的孩子对父亲十分仇视,虽然父亲对他万分宠爱。"

奇怪的是,我见到的这些男人,大都是"多心"而不是移情,他们一方面风流不羁,一方面却声明绝不离婚,而追随他们的另一女人(the other woman),很多都是才貌出众的女强人,有些更是他们工作上的左右手。相比之下,那些终日只顾打理家务或游手好闲的"正室",实在不是他们的对手。

应付丈夫的婚外情,实在没有一定的良策。主要看你自己立场而定。恨当然要雪,但千万不要用儿女做武器,父母情感上的问题,绝对不能涉及儿女。

除此之外,你要花他的钱、挖他的肉,捉他上刀山、下油锅,只要觉得痛快,全部可为。泄够气,最好还是去进修自己,然后去找你自己的梦中情人!

此"齐人"^①有一妻二妾

去年圣诞,我在香港参加过一个十分奇怪的宴会。

宴会本身并不特别,只是六七对夫妇及家人聚在一起晚宴。不同之处是这些太太群中,有的是原配,有的是第二夫人。在有大清律例传统的香港,这也不算稀奇。奇的是,这些佳丽都是甚有才干的佼佼者,而且人人经济独立,却莫名其妙地在这个应该欢乐的节日,被迫共度漫长的一晚。

都是节日弄人,如果不是圣诞节要一起共度,就不会有这样尴尬的场面。而节日这个重点,在家庭生活及男女关系中,却一直扮演重要角色。记得有部电影中苏珊·希活主演的情妇吗?她恋上有妇之夫,大部分时间都风流快活,只是在特别的时节,当男朋友一定要回家过节时,她独个儿顾影自怜,才明白种种做情妇的苦处。

如果没有每年的几个特别日子,相信男女关系的世界,一定会多一分和平。

因此,香港的"齐人",在节日来临时也不得不打醒精神,应付这种多

---

① 套用《孟子·离娄下》"齐人有一妻一妾",这里指有妻有妾的男人。——编者注

方面的压力。

当晚宴会的男士们，大部分是妻儿长居美国、加拿大的"太空人"，本来天下太平，偏是圣诞假期，很多陪太子读书的母亲都带孩子回港度假。如果全部妻子都回来了，丈夫们大可集体放女朋友大假，事情也不难办。但是这一群终日聚在一起的男士们，却不是每个人的太太都同时返港。

因此，在这圣诞前夕的庆祝，太太在的当然要带太太来，太太不在的当然要带女朋友来。

几个完全不同立场的队伍碰在一起，虽然没有直接的利害冲突，但杯弓蛇影，触目惊心，场面好不险恶。

这些男士都是我丈夫的中学死党，临出门时丈夫对我说："等一会亚辉来接我们，同来的是他的小太太，你千万要小心说话。"

我问："亚丁呢？ 亚丁的太太会来吗？ 她不是说会回港过年吗？"

丈夫含糊其词，似乎对老同学的小太太比大老婆熟悉得多，只说："保罗也会带女朋友来。"

亚辉的车内，坐着一对姐妹花，我暗地打量她们，她们也暗地打量着我，后来才知道，姐妹二人都是亚辉的女朋友，而且是他生意发展的得力助手。这就是我认识大小二乔的开始。

那真是个奇怪的场面，连完全是局外人的我，都被弄得紧张起来。突然间，我发现自己被放在"原配"的位置，正因如此，大乔小乔都对我很冷淡。

抵达宴会后，一眼见到亚丁的太太，我喜不及待，以为自己不再孤立。谁知她毫不热情，对谁也不加理睬。整个晚上对着卡拉 OK，唱完粤曲又唱京戏，亚丁乖乖地追随左右，问长问短，太太也不予反应。

我低声问丈夫："亚丁有小老婆吗？"

丈夫说:"好像没有,谁知道?"

好一句"好像没有,谁知道"!这句话可以说尽香港,甚至天下男人。怪不得我一个晚上没有安宁。

一顿饭吃得十分别扭,幸好是自助餐,座位的安排很快就界线分明:"正宫"大老婆们,选了最明眼之处结伴而坐;小老婆们,不得已走到餐厅的另一角。丈夫们都站在酒吧间,一面互相应酬,一面用眼角看室中形势,心里正担忧这宴会给他们带来多少后患。

这是世纪末的香港家庭一景!

后来与大小二乔熟稔起来,知道她们二人都是大学生。大乔以前在法国留学,一心想做艺术家,姐妹二人都结过婚,因工作遇上亚辉,很快就打成一片。亚辉虽然不是个理想情人,但为人热情通达,是个可托之人。只是他的肩膊太广,托在上面的人不止一个。

大乔问我:"你研究心理学,你可知道我的心态?"

我望着她笑一笑,心中却想:如果我是亚辉的太太,可能会一巴掌打过去。但是作为朋友立场,我倒不觉得她选择的关系方式有何不妥。

小老婆的心态,因人而异!因经济理由作妾的,是最易使人理解的一种;也有很多真的为了爱情,爱上相逢恨晚的男人,只好委曲求全;也有很多是"供应"问题,例如有的宗教派有一夫多妻的习俗,可能是因为大战时太多男人死了,以至丈夫"供应"不足之故。

除了喜欢煲靓汤,令人做阿二的理由实在太多了。

心理分析家对"另一女人"的心态,的确作过很多解释,有人认为,这是基于一种自卑感,不让自己坐正位之故;有人认为这是出自一种侵占欲,要以把他人之物抢到手中为快;也有人指出这是一种犯罪感,必得做些万人指责的所为不可。

我倒觉得这种只看内心不看时势的分析，有点过于极端。人的机缘是很难预料的，尤其在香港这充满浮光掠影的社会，像太空中的黑洞（Black Hole），把人卷着走，身在其中，身不由己的事太多了，岂止做小老婆这一种。

当然其中也有奇缘，英国有一著名舞台剧，名为《明年此时》（*Same Time，Next Year*）。描述一对婚外情人，每年都在同一日幽会一次，如此过了十八年，到后来男的老婆去世，有情人终可成眷属时，双方反而担心起来，结果决定还是以"明年此时"的安排最妥当。

夫妻关系过于朝朝暮暮，有时真是令人望而却步——反不如牛郎织女一年一度的渡银河，容易讨好。

本来做小老婆的好处就是无须负责任，我却看到大小二乔天天盯着亚辉，双管齐下，亚辉这个"齐人"不但享不到福，反而多了两个"管家婆"。

此情此景，又为香港添一风情画。

汉 堡 论 剑

八月初在德国汉堡举行的心理治疗观摩大会,是心理治疗界的华山论剑,各派治疗宗师,每四年应邀而来,各亮招数。

这些开山祖师爷,大都七老八十,因此在这四年一度交流的期间,往往都有数人去世。这次被邀请的名单中,就有两名大师正危卧病榻,恐怕不久于人世。

因此,我老师 Minuchin 问我要不要跟他一道去汉堡赴会,我一口就答应了。

老师先行上路,我乘搭的飞机却在荷兰的阿姆斯特丹抛了锚。到达汉堡时,已经是深夜,好不容易找到会议选定的酒店,却正巧碰到 Minuchin 与策略派宗师 Jay Haley 一同从酒吧出来。

Haley 是个十分奇异的人物,他认为人类一切行为,都与控制有关,因此他对所有人的问题,都是用一种出奇制胜的方法,令病人不知不觉地改变。读他的著作,有如读孙子兵法,他的治疗方法,有时如行兵,有时像下棋,不到终了,不知结局。

对于一些顽疾,Haley 更提倡一种"折磨治疗"(Ordeal Therapy),他给病人创造一些新的问题,比他们本来拥有的问题更要糟,因此病人在面对两种问题时，自然就会放弃他们原来存在的问题。

例如一个十岁的男童不能停止手淫，Haley不单不叫他停，反而叫他每天增加次数，尤其在星期天，家人都放假在家，他叫男童更要"加班"，结果手淫变成苦差，最后，那男童当然只好投降，再也不敢在人前"自慰"。

又例如一个不能行房事的教授，Haley要他每天晚上上床前，拨好闹钟把自己半夜吵醒，然后穿上制服，站在床前读两个小时的教学书本，夜夜如是，直到他可以与女人上床，或者等到他满八十岁为止。

教授面对这种折磨，当然决定还是赶快找个女伴上床，免得晚晚受罪。

Haley本人，却一点也不像个怪诞大师，他道貌岸然，不苟言笑，也可能因为他这个严肃模样，才有病人肯接受他各种古怪要求。

Haley的前妻，叫Cloe Madanes，也是个"策略派"的掌门人，擅长治理有关家庭内的暴行及乱伦案件。她特别设计了一个有十五个步骤的治疗方法，一步一步引导暴者，由内疚以至向被侵犯者跪地求饶。她虽与Haley分手，却仍一起以掌门人身份前来赴会。

大会在我到达第二天就开始，这次被邀请的一共有二十八位大师，心理治疗各大派的宗师或掌门，全部在场。来参加这个交流大会的，共有五千人。心理治疗讲座不是张学友演唱会，一般很少有这么多听众的。

不过，听这些高手讲课，妙语连珠，有时极有娱乐性。我拿着节目表，决定不了去听谁的课好，在人山人海中，竟碰到Minuchin与一位女士交谈。他扬手叫我过去，介绍我认识这位看来完全像个意大利歌剧演唱家的女士，原来是鼎鼎大名的"米兰四杰"之一 Mara Palazoli。

她第一句就问我："你是日本来的吗？"

我最恨把所有东方人都当作日本人的洋人，因此对认识她的兴奋立刻减少一半。

好在老师为我打圆场，对她说："这是我纽约诊所的教授，她本来是我的学生。"

Mara 这才礼貌起来，对我说："你真幸运！"

我笑说："是的，我十分幸运。"

Mara 是治疗厌食症的能手，她本来是个心理分析家，后来转学家庭治疗法。她有一个很有趣的治疗个案：她曾经治疗过一个十三岁的厌食症女孩，女孩瘦得像个瘦侏儒，Mara 用激将法，对女孩和她的家人说："我知道你确实需要治疗，但我却不想收你做病人。因为你瘦成这个模样，恐怕将来你的骨骼也不能成长，永远是个侏儒，你不如索性把自己饿死，总比做个活着的侏儒好……"

Mara 这一番治疗的话，气得这一家人再也不回诊所。数年后，她的助手打电话给这一家人调查近况，接电话的父亲仍然十分生气，说："你告诉那 Mara 医生，我女儿已经增加了三十磅，她再也不绝食。Mara 医生，她自己才是侏儒，一个胖侏儒！"

Mara 听后十分高兴，对她的学生说："我使得这一家人对我的一番话愤怒无比，这不食的女孩，是被愤怒治好的！"

以上几个例子，不熟悉心理治疗的人一定会问：这就是心理治疗吗？岂不是过于儿戏？哪有逻辑可言？其实，心理毛病，正是绝对没有逻辑可言，即使有，也不是根据一般人的逻辑。相反，愈是根据逻辑或"理智"办事的人，愈容易产生心理上的毛病。这次因病不能前来讲学的治疗大师 Whitaker，就是主张每个家庭及其成员都应该学会"疯癫"一点,才有能力应付这个疯狂的世界。因此有道行的治疗家,虽然拥有很多有关人的心理及行为各方面的知识,但是他们的治疗方式及讲解,都是用最浅显的语言,说最简单的故事。

引词用典的方法,反而是我们道行不高的人的普通行为。

因此,我这几天忙得目不暇接,除了这几家反传统的学派外,当然也有行为派、理性派、整合派……百家九流,各派学说常有对比及相反的主张,但是有一共同点,就是所有人都赞同:心理毛病全是出于人与人的关系问题,只是处理这种关系问题的手法,各派不同而已。

怎样不同,下文再为大家介绍。

身 体 的 语 言

在汉堡举行的心理治疗观摩大会中，最轰动一时的，莫如 Alexander Lowen 的现场示范。

Lowen 认为人的心理问题，全部反映在身体上，他说："单看一个人的身体结构及形象，就可以看出一个人的成长经验，尤其是这个人与父母的关系。"

他向观众发问："谁愿意上台来让我作示范？"

在这坐满几千观众的会堂中，早有人排队等着。Lowen 抽出最前面站着的一人。此人兴高采烈地跑到台中，报上姓名、职业及年龄。

他叫汉斯，三十五岁，是个实习医生。

Lowen 说："汉斯，你把衣服脱掉，我要'读'你的身体！"（I want to read your body！）

汉斯当场脱下衣裤，只剩下一条三角内裤，他身材瘦弱，皮肤白白滑滑的，分明是个文弱书生模样。

Lowen 望着汉斯若有所思，左看右看，然后对观众说："你们看，他的身体很'薄'，腰太细，上身与下体连接不上。"Lowen 摸摸汉斯的腰部，继续说："你一定有腰痛！"

汉斯点头称是，Lowen猜中了第一步，十分得意，又说："汉斯的呼吸很浅，只到胸口，我看，你小时一定是与母亲关系特别密切。"

汉斯答："我父母关系不和，常常吵架，我小时的确与母亲特别亲近。后来父母分离，我更加负上保护母亲的责任。"

Lowen说："你们看，他的过去都写在他的下肢上，这细小的盆骨——可见他在俄狄浦斯情结恋母阶段（Oedipus Period），一方面要担当父亲的责任，一方面却要压抑自己对母亲的满腔情怀——心理的压制常造成生理的压制，因此造成下肢的不良发展。"

Lowen又问："你现时的性生活如何？"

汉斯答："还可以，只是我工作忙，常常觉得累。"

Lowen说："不是工作，而是你体内的性脉不通顺，只能用呼吸补救，如果你学会用呼吸把气运到肚下，以至下肢，你就会打通不顺之处。"

Lowen拿出一张特别制造的木凳，高及腰处，让汉斯仰身躺下。汉斯的腰架在凳上，双脚着地，头往后垂，反身成半条拱桥形。Lowen叫他放松身体，不断用力呼吸。

汉斯却身体僵硬，呼吸古怪，Lowen不停讲解："不成，不成，你这样像僵尸，根本没有呼吸……吸气，呼气，深呼吸，让身体自然松弛……吸气，呼气，不要抵住气……"

他向观众说："你们知道吗？婴儿呱呱落地时，总是大声哭叫，让整个身体充气，人慢慢长大，心理及身体都慢慢受损，因此呼吸愈来愈浅。你看所有精神病患者，都是呼吸短促的。"

Lowen一面说话，一面指导汉斯呼吸，汉斯却身不从愿，更加证实Lowen所说他这是"长久压制自己而不能一时放松"之故。

这样挣扎了好一会，汉斯不知道是否累了，还是真如Lowen所示，慢慢见他胸部起伏,运气愈来愈深。不久,他喉咙发出像婴儿的怪叫,双腿开始震动,好像抽筋一样。

Lowen兴奋极了,他叫道:"你们看,这就是了,汉斯找到路径了。汉斯,你再叫大声一点,让声音从身体发出。"

汉斯叫着,叫着,声音愈来愈长,愈来愈深,Lowen在一旁指挥,观众都被这一幕不寻常的示范感动,人人不自觉地投入身体与心灵的挣脱,跟着汉斯一起呼吸,一起呐喊。

最后,Lowen问汉斯:"你觉得怎样?"

汉斯说:"整个人都好像轻松了,我很久没有这种感觉。"观众掌声如雷。

第二位上来示范的是一位女士。她当场脱下一件连衣裙,只剩下胸罩及内裤。她把裙子往空中打两个转,然后做个脱衣舞娘的动作把它抛掉。

她这一动作当然引得观众吹口哨鼓掌,Lowen却说:"你似乎很喜欢暴露自己,你今年几岁?"

这女士向Lowen耳边轻声说,Lowen却大声道:"啊,原来你四十岁。对我来说,这还是太年轻了。"

这位叫丽莎的女士,是位教师。她看来身材健美,Lowen却说,丽莎的身体,完全发展在胸脯,可见是她小时与父亲特别亲近,后来关系突然中断,因此她的臀部特别细小,不能自然发育。

丽莎说,她父母很早分手,她跟着母亲,完全没有父亲的印象。

Lowen却说:"这就是了,你不是记不得你的父亲,而是因为你的记忆太痛苦,你不愿意记起罢了。"

他要丽莎做完汉斯做过的呼吸运动后,又要她躺在一张床上,用力踢脚二百下,一面踢一面叫喊。丽莎弄得筋疲力竭,Lowen 却说:"我八十岁了,每天都这样踢脚五百下,你比我年轻一半,怎么这样就累了?"

他又问:"你怎样称呼你的父亲?"

丽莎说:"都记不得了,我小时好像叫他爸比。"

Lowen 说:"你继续踢脚,同时大声叫爸比,不要停止。"

丽莎照做,但她踢的动作与叫爸比的声音总是不能配合。Lowen 却不让她停止,丽莎的叫声愈来愈惨痛,她发狂似的喊着"爸比,爸比,爸比"!

Lowen 在旁助阵:"再大声一点,再叫长一点,不要停止踢脚,叫出你心底的哀伤,叫出你被父亲丢弃的愤恨,叫出你积累在胸中的一股怨气,叫、叫、叫!"

丽莎的叫声与身体动作慢慢配合起来,形成一股很有力量的热能,她不再需要 Lowen 督促,她表情悲痛,泣不成声。

Lowen 说:"不要控制你的悲哀,让你的心破碎,你才有复原的机会。不然,所有的苦涩都会原封不动地压在你的身体上。"

Lowen 这种心理治疗的示范,在汉堡当地的报纸成了头版新闻。有好些观众是越洋而来,特别来体验他的指导和示范的。

比较保守的大师,尤其是理智派的 Danald Meichenbaum 几天来集中与 Lowen 作对,因此他们的观摩讨论,常常奇招百出。

Meichenbaum 是认知行为治疗法(Cognitive Behavioral Therapy)的始创人,这一派治疗凡事以理性为主。某年香港大学心理学系,就曾特别请他来港讲学一周。他对 Lowen 说:"你说看一个人的屁股就可以看出这个人与其父母的关系,天下间没有比这更荒谬的学说。"

Lowen 答他:"你不信,就把裤子脱掉,我给你'阅读'你的过去!"

观众纷纷鼓掌，齐声叫 Meichenbaum 脱裤子。Meichenbaum 气得面红耳赤。再理智的人，面对这种群众情绪高涨的场面，都没有办法应对。

其实 Lowen 的学说，并不新奇，他所指的俄狄浦斯恋母情结或恋父情结(Electra Complex)，是心理分析开山祖师弗洛伊德的性爱理论。弗洛伊德认为，性爱是由婴儿阶段开始，在每个孩子的成长期间，男孩都会爱上母亲，女孩都会爱上父亲，人的心理发展是否健康，很大因素是基于这个阶段的适应力。

Lowen 的断症，大部分是基于弗洛伊德所指，每个成年人都或多或少留有上述阶段的遗迹。

不同的是，Lowen 认为这些"遗迹"全部显露在一个人的身体上面。

弗洛伊德有两个重要弟子，一个是 Carl Jung，他的主要贡献是解梦及研究各种象征符号的意义；另一个是 Wilhelm Reich，他是把心理健康及身体健康合而为一理论的始创人。

Lowen 是 Reich 的入室弟子，他的治疗虽然古怪，其实却是源出正统。以我看来，他很多呼吸的方式与动作，倒是取材于印度瑜伽及中国气功。

奇怪的是，这么多专业人士愿意上台为 Lowen 脱衣示范，而且人人都好像有备而来——因为每个示范者的内衣裤都光鲜得体。

难怪我老师 Minuchin 说："Meichenbaum 不肯上台示范，因为他没有见得光的内裤！"

言 语 的 高 潮

性爱与人的心理健康，是息息相关的。

因此很多心理治疗的研究，都或多或少涉及性（sex）的讨论。这次心理治疗的汉堡论剑，当然少不了性爱方面的专题。

当今性学大师 William Masters，一早就被邀坐在首席。我十多年前听过他的课，那时他的伴侣 Virginia Johnson 仍在他身旁。Masters and Johnson，二人名字总是联结在一起，成为现代性学研究的标志。

可惜的是，二人终于分手，失了伴的 Masters 看来十分老弱，拿着拐杖一拐一拐地爬上讲台。

Masters 是个精神科医生，他说早年学习接生，发觉很多男婴出生时都是生殖器勃起，他初时十分惊奇，后来才知道，这种机能反应，是个正常现象。因此他对人的身体机能特别关注，他的很多研究工作，都是用特别设计的仪器放入人体，测量人在各种性行为的过程中，身体内的各种反应，他是第一个把性学科学化的人，是开山师祖。

Masters 的一项研究创举，就是记录了人在性交时的生理反应，并将之分为四个阶段：兴奋阶段（Excitement Phase）、平台阶段（Plateau Phase）、高潮阶段（Orgasmic Phase）及消退阶段（Resolution Phase）。

他指出，人在兴奋阶段时，身体各部分开始充血，头脑倒是清醒的。但步入顶点及高潮时，身体的变化达到澎湃而不能控制，与外间环境失去联络，听觉及视觉都变得模糊，那时刻，你与谁在一起都没有分别，因为你整个人已经融入一个完全自我的世界。

因此，爱情小说所描写的情侣怎样一同缠绵进入情欲高潮，是没有科学根据的：人在高潮时，绝对不认人，对方是王子还是青蛙，是美女还是丑八怪，完全一样。倒是在高潮后的消退阶段，才是情人最能互相欣赏的好时光，只是一般人在高潮过后，总是各自反转身睡觉去，很少继续痴缠。对于女方，因而常会产生一种被利用的感觉。

Masters 的种种发现，打破了很多性学的谜：既然男女在性交时身体的反应都会一同经历上述四个阶段，就再也没有"好女孩对性没有兴趣"这一回事；既然人在高潮时是个自我的世界，则自慰（Masturbation）与性交（Intercourse）所产生的快感没有分别。

早期医学界对女性性冷感的治疗，常常会动手术把病人的阴道割大或缝细。Masters 的发现，证实女性阴道在性交时，完全是肌肉的收缩作用，与阴道大小无关。天下不少女性因而免去这无辜的一刀。而Masters 及 Johnson，也因而始创了一门破天荒的心理治疗，称为性治疗（Sex Therapy）。

在上世纪六十年代，他们的工作引来极多抨击，尤其是在处理男女不能行房的问题上。他们训练了一批男女，其中包括很多妓男妓女，作"性辅导师"（Sex Surrogate），专门上床教人性交，惹来不少卫道者的指责。

在九十年代，性治疗已发展成心理治疗的重要一环。近九十岁的Masters 却是个外表看来十分保守的学者，谈起近代性学（Sexology）的发展，他只说："我做了一件错事，就是以为我们的种种发现，会很自然地流传出去，造福人群。没想到这世界对性的态度及理解依然十分落后。"

参加这个以性为专题的讨论，还有两位也是八十多岁的大师，一位是前面介绍过的 Alexander Lowen，另一位是理性情绪疗法（Rational Emotive Therapy）的 Albert Ellis。

Ellis 是近代行为学派的一名重要人物，著作无数。他的理论，主要是认为人的感情乃由理性所控制，而情感又会推动行为；要改变一个人的行为，首先得改变这个人的思想。

这位大师说话夸张，举止狂妄，是我最不喜欢的人物。他逢人就说："我八十二岁，结过两次婚，与很多女人同居过！"好像宣扬战绩一样。

几天来 Ellis 四处找人吵嘴，有观众问他为何讲学时粗口连篇，他答："只有神经衰弱的人，才会怕粗口。"

因此，Ellis 碰上 Lowen，立即就动粗，他对 Lowen 发问："你强调一个人愈能达到高潮，就愈少心理问题。Reich 显然是个频达高潮的人，可是他却是个最有精神问题的人，他著作的一本《高潮的作用》（*The Function Of Full Orgasm*），错误百出……"

Ellis 还没有说完，Lowen 立即跳起来，Reich 是 Lowen 的恩师，他当然不会吞声受辱。他说："我才不会坐在这里听你的胡言乱语！"说罢下台而去。

Lowen 这几天以来俘获了大量信徒，因此观众十分激动，有人大喊："Lowen！不要弃我们而去，我们不能单独应付这些科学家！"

Lowen 听后，又跳回讲台，他说："所谓科学化，其实大部分是自欺欺人。实验室内的研究，一般都与生活脱节，每宗发现，都被新发现一宗宗地推翻。在这二十一世纪，我们对性爱的知识，不知之处数之不尽，例如东方人的性感（Sexuality），与西方人是绝对不同的……"

Lowen 这一番话，显然是针对 Masters 对性行为的科学研究，但是 Masters 却一点反应都没有，倒是我听他提起东方人的性感，不禁好奇起来，赶快问他："东方人的性感怎样不同？"

几天来听 Lowen 谈人体与性健康的关系，心想东方人一般都是身形扁窄，据 Lowen 学说，应是性束缚以至身材不能发育之故，不料他却说："东方人懂得保养身体，比西方人的性健康多了！"

我舒一口气，继续听这三个老头子吵架。只见他们满脸通红，旁若无人，吵得起劲时老态全消，每人年轻二十岁以上。我心想：他们这种言语的高潮（Verbal Orgasm）作用其实与性高潮无异。

满　载　的　空　船

刚刚从德国返回多伦多的家,就接到老师 Minuchin 从纽约打来的电话。

他说:"你知道吗? 他死了,他死了。那满载的空船,他不在了……"

我莫名其妙:"谁? 谁死了?"

Minuchin 反常的激动,说:"那条空船,他叫什么名字……我太伤心,连他的名字都想不起来……"

我答:"你是说安地吗? 他怎么了?"

安地是 Minuchin 的一个学生,是我的师弟辈。Minuchin 的训练制度严格,一般学生都要经过几年其他教授的训练,才有机会被推荐成为他的入室弟子。我第一次见到安地时,他刚在第二年。也许因为他的妻子是中国人,对我特别友善,他知道我已经完成 Minuchin 的训练,并被聘为教授级,对我说:"你就好了,我连能不能被选入 Minuchin 的班,都不知晓。"

后来我到香港授课,再回到纽约家庭研究中心时,安地已经加入 Minuchin 的班级。我问他:"你得偿心愿了,上课情形如何?"

他说:"十分吃力,Minuchin 真狠!"

Minuchin 正在研究家庭治疗的训练过程,因此他的课全部有录像纪录以作参考资料,我找出安地的第一课,只见安地像个乖孩子般坐在一小群同学中,说话十分小心。

Minuchin 问安地有什么学习的目的,安地走到黑板前,在上面用粉笔画了一条船,然后一说:"我是一条空船(I am an empty vessel),我缺乏治疗者应有的智慧……"

谁知 Minuchin 板着脸,说:"那么我就不能帮助你。空的船总是等人把它载满——我不打算接受这个任务。"

安地面红耳赤,不知如何自处。

我看着心中好笑,这几年跟随 Minuchin 工作,见过不少在他面前卖弄聪明的学生,总是讨个没趣的结果。

跟大师辈学习的苦恼,就是他们过于犀利,一眼就把你看穿了,令你无所遁形,只好放弃小聪明,好好地学习。

心理治疗者的训练,每家每派的方式都不同,有的着重理论,有的集中于技巧,有的主张发展治疗者的做人之道。Minuchin 却认为以上几点虽然重要,但更需要的是扩大学生的伸缩性。因为在治疗的舞台上,治疗者同时是导演也是演员,如果演来导去都是一个样本,是无法应付现实生活中病人所带来的各种不同问题的。

因此,Minuchin 的著作虽然有整套理论,但他的教学却是身教,而不是言教。这种教法有时太近身,他的学生免不了时有被剥皮抽骨的感觉。

近代的教育观念,主张"三明治"政策,就是在批评学生之前,先来一番鼓励,然后才入正题,过后又要"糖补"一番,把学生不愿听的话夹在两片甜言中,以便对方容易接受。

Minuchin 却对学生说:"你付我很高的学费,不是因为想听好话,我不转弯抹角。我们有话直说。"

问题是,他的学生虽然都已经是有经验的治疗专家,但名师当前,最想听的,仍然是老师的赞赏、老师的好话。

安地一开始就碰钉子,当然不服气。他本是个好好先生,待人处事毫无火气,是个不显眼的人。Minuchin 这几句话,实在有点中他要害之处。

他说,老师这一棍,打得他眼冒金星,每次想起这几句话就浑身不舒服,这个感觉促使他无时无刻不提高警觉。在以后两年的训练期间,安地明显地在改变,他说话愈来愈有力量,整个人也光彩起来,再也不是浮在水上的漂舟任人摆布。他所示范的个案,也做得愈来愈出色,愈来愈有分量。

Minuchin 眼见这个本来文质彬彬的弟子慢慢变得生龙活虎,对他的挑战一一应付下来,心中当然快慰,也愈教得起劲。

Minuchin 常说,训练治疗者有如训练武士,教育他们治疗手法,与教育如何用剑,原理都是一样,要做到剑随心到,这种复杂的训练过程,常常会反映出师生关系的微妙,有时甚至会十分戏剧化。

有一次,安地播出他的治疗录影,那是一个复杂无比的中东家庭,父亲是个毫不讲理的独裁者,全家人都怕他。

Minuchin 看了数分钟后,对安地说:"不单全家人怕这位父亲,连你都由得他摆布。这一个治疗我不必再看了,等到你有改变,再叫我看吧。"

过了数周,安地又播出同一家庭的治疗录影,要求 Minuchin 指点。这一次,安地一反常态,在这权威无上的父亲面前,挥洒自如,结尾时,甚至使得本来见父如见虎的一群子女，与父亲一起玩耍嬉戏。一个面临破碎的家庭，第一次出现生机。

Minuchin大悦，问安地："是什么影响促使你有这个改变？"

安地说："这位父亲与我自己的父亲太相像，我本来见到他就不能动弹；但是，我虽然怕面对这位父亲，更怕不面对他时，你对我的反应。两者相比之下，只好选其较易者而为了。"

安地这一番如珠妙语，连Minuchin都笑破了嘴。

我们这位老师虽然训练严谨，对学生要求很高，其实却是个爱学生的长者。学生在他的挑战与爱护下，也都一一展示出自己的特点与形象。

我去德国前，安地寄给我他的一篇文章，细说向Minuchin学习的过程，他写道："我真幸运，别人一辈子都不一定会遇上这样的良师，这样地将我琢磨，这样地把我珍惜。我原以为只是向Minuchin学习家庭治疗法，没想我得到的，却是脱胎换骨的一个新人。"

跟着，安地就因心脏病复发去世了。

这一艘空船，终于被载满了，却静静地漂走。做老师的怎能不心痛？

师生之爱，是这现代社会很多人都不能领会之情。其实，"启蒙"老师，不单对小孩重要，成年的人，一样是需要"启蒙"的。

未 完 成 交 响 曲

作曲家舒伯特(Franz Schubert)写过一段文字,叫作《我的梦》,大意如下:

> 我有很多兄弟姐妹,我们的父母都是好人,我深深地景仰他们。一次,父亲带我们同赴美宴,我的弟兄们都乐不可支,但是我却十分悲哀。我父亲很生气,命令我去享受这一顿美好的食物,我不能从命。父亲把我赶走,叫我再也不要在他面前出现。我脚步沉重,走到远方,心中对不接受我的家人,却是充满着爱。

> 后来我接到母亲去世的消息,我赶忙去看她。悲伤的父亲变得柔和,竟让我进入家门。拥抱着母亲的尸体,我泣不成声,逝去了的母亲好像对我们说,要好好地像一家人那样相处。

> 于是一家人悲伤地跟随着她的遗体,看着棺木入土。自此我又重返家中,父亲又再一次带我游览他心爱的花园,问我可喜欢他亲手种植的一草一木。我不喜欢,却不敢回答,父亲见我整个人在发抖,再问一次,我终于答了心中的话。父亲又再生气地打我,我又再逃跑,走到更远的远方,心中对不接受我的家人,仍是充满着爱。

我长年对陌生人歌唱,但是每当我想唱爱的歌时,那歌就变成无限哀痛;每当我想唱出心中哀痛时,那歌反变成爱。爱与哀痛就是这样把我撕成两半,却又不能分体。

有一天,我参加一个少女的丧礼,很多少年及老者围着这少女的新坟转圈,他们声音低沉,好像不敢惊醒墓中的少女。而少女的墓碑,却发出一道亮光,笼罩着所有少年人。我在这光芒中听到一阵阵来自天上的细语,于是我也尊敬地随这一群年轻人的行列,心中充满景仰与诚意。

渐渐地,我在这行列中听到一阵奇异无比的声音,好像无尽的祝福与宽恕都凝结在一刹那间。

我同时看到我的父亲,慈爱不再计较过往,他哭泣着把我抱在怀中,而我的哭泣更甚……

很多人都不知道,舒伯特这一段文字,就是他著名的未完成交响曲(Unfinished Symphony)的两个乐章。十九世纪的维也纳古典音乐学派,如海顿、莫扎特及贝多芬等作曲家,常常先写下一段文字,然后根据这段文字内容作曲。曲成后我们只听到音乐,再也不知道乐章的出处。

后人称舒伯特这两个乐章为"未完成",是根据乐理(一般交响乐都有四个乐章)。其实,他的文字已经完结,并无再写下去的需要。

巧的是,心理学上也有一个"未完成"的观念,称为 Unfinished Business,指的是人与人之间的关系,尤其与父母的感情,常有解不开的结,这些结积在心中,我们愈设法把它遗忘,它愈躲到我们的潜意识(Unconsciousness)去,结果更加兴风作浪。

这些未完的事项,像鬼魂一样,老是跟着我们。心理治疗的重点,常常都是要解开过往的结,赶走过去的鬼,尤其是弗洛伊德的心理分析,基本道理是认为人的所有心理毛病,都是起于儿时解决不了的矛盾。

父母对子女的失望,与子女觉得不为父母接受的苦痛,是最常见的一个结。

舒伯特的故事就是一个好例子,他父亲不准他以作曲为生,他十五岁就离家,连他至爱的母亲病危,他都不能送终。后来他虽然一度与父亲和好,但很快又因意见不合而分道。舒伯特一生不得意,三十一岁就去世,比莫扎特还要短命四年。他与父亲相抱哭泣的景象,只是在他的音乐里发生,在现实生活里,父子最终不能达到谅解,各自郁郁而终。

我读舒伯特的文章时,正在治疗一个类似的个案。四十岁的丹尼,把自己吃得痴肥,他衣冠不整,举止粗鲁,整个人充满着一种对世界的愤怒,是个没有朋友的人。

丹尼的父母亲却恰恰与他相反,他父亲是医生,母亲是音乐家,两人都是温文有礼,是十分注重外表与生活格调的人。

成功的父母偏有自暴自弃的儿子。这是一个典型的家庭悲剧,其实儿子并非天生自暴自弃,只是长期地发觉自己不能满足父母的期望。渐渐地,不单父母失望,连自己也对自己失望,再也没有努力的理由。

丹尼说:"我活了四十年,记不得有什么时候不是活在忧郁与低潮里。"

丹尼的父母把他捉来见我,他本人却并不愿意接受治疗,他只想用食物满足自己,大包小包的食品,装满一身。当他的父母陈述他们对儿子的忧虑时,丹尼就打开食品袋,将食品大把塞进嘴里,嚼得有声有色,碎屑沾了一身,父母装作看不见儿子猪一般的吃相,但是面上却掩不住尴尬与蔑视之情,丹尼看在眼里,更加变本加厉。

哀伤的父母设法不让儿子知道自己的失望,可是父母的失望却是儿子最熟悉的情绪;不合格的儿子渴望父母能无条件地接受自己,但是天下父母哪个不希望子女成龙? 成不了龙,起码要能承接父母衣钵。这两代之间的矛盾,是千百年来文学家的题材,电影中也常有描述。记得 James Dean 在《荡母痴儿》(*East of Eden*)①扮演的角色吗? 他为了取悦父亲,不顾一切地去赚钱,结果钱赚到了,父亲还是不能接受他,他跪在钱堆中那一脸悲痛绝望之情,不知引起天下多少同是被拒绝的儿子的共鸣。

父子之情是浓的,但父子之间却又最容易产生因不同价值观念所引起的冲突。这种结打得很深,很长远,有时甚至传到下一代去。

舒伯特与父亲情感的结,升华成音乐,造就了他的艺术。丹尼的结却都系在他那二百多磅的身体上:人到中年,还是无法冲出与上一代情感的枷锁。我想其中主要分别,是丹尼不懂得宽恕,因为他只有愤怒。

我找出舒伯特的文章,送给丹尼,并对他说:"你喜欢音乐,舒伯特的未完成交响曲,是你的音乐。也许你听着时,也会找到那宽恕及无尽祝福的一刹那;也许,你会比舒伯特幸运,在父母还在世时,能与他们相拥哭泣。"

不是每项未完结的情感,都能完结,这些情感有时化作音乐,有时化成文字,打动我们的心,教我们怎样宽恕!

---

① 1955 年美国电影,也译为"伊甸园之东"、"天伦梦觉"、"天伦梦境"等。——编者注。

图书在版编目(CIP)数据

家庭舞蹈.1,从家庭系统看个人行为/李维榕著.
—上海:华东师范大学出版社,2018
(李维榕作品集)
ISBN 978－7－5675－7553－0

Ⅰ.①家… Ⅱ.①李… Ⅲ.①家庭问题－通俗读物
Ⅳ.①C913.11－49

中国版本图书馆 CIP 数据核字(2018)第 055275 号

家庭舞蹈 1
——从家庭系统看个人行为

著　　者　李维榕
策划组稿　张俊玲
项目编辑　王国红
审读编辑　陈锦文
责任校对　罗　丹
装帧设计　卢晓红

出版发行　华东师范大学出版社
社　　址　上海市中山北路 3663 号　邮编 200062
网　　址　www.ecnupress.com.cn
电　　话　021－60821666　行政传真 021－62572105
客服电话　021－62865537　门市(邮购)电话 021－62869887
地　　址　上海市中山北路 3663 号华东师范大学校内先锋路口
网　　店　http://hdsdcbs.tmall.com

印　刷　者　浙江临安曙光印务有限公司
开　　本　890毫米×1240毫米 1/32
印　　张　5.25
字　　数　112 千字
版　　次　2019 年 2 月第 1 版
印　　次　2024 年11月第 5 次
书　　号　ISBN 978－7－5675－7553－0
定　　价　33.00 元

出 版 人　王　焰

(如发现本版图书有印订质量问题,请寄回本社客服中心调换或电话 021－62865537 联系)